コード理論大全

ENCYCLOPEDIA OF CHORD THEORY

著 清水 響

Rittor Music

はじめに

　本書を手にする読者の多くは作曲、編曲、演奏をされる中で音楽理論に対するさまざまな疑問を感じられた方や、もしくは音楽理論のボキャブラリーを増やして、自分の作品の完成度を高めたいと考えている方かと思います。私自身も作編曲を始めた際にはいくつもの市販の理論書で勉強をしていました。その結果"テンションコード"や"セカンダリードミナント"といった知識自体は増えていくのですが、それらのテクニックを自作曲のコード進行上で"いつ"使えるのか、"どうやって"使うのか、そして"なぜ"美しく聞こえる場合とそうでない場合があるのか、といった疑問の解決には至らないケースが多かったように感じられます。

　本書ではおもにジャズやポピュラー音楽で用いられている「Am」や「C7」といったコードシンボルで記述される和声理論を、「音程」や「調号」といった基礎的内容から出発し、一般的な音楽大学のジャズ・ポピュラー学科卒業レベルに至るまで、体系的に解説していきます。また独学でも学べるように大量の楽譜例に加え、章末問題も用意されており、それらに掲載されている楽曲はすべて書き下ろしとなっています。

　本書の特徴は、記載されているすべての理論について、必ず理論が導き出される"理由"が書かれている点にあります。例えばテンションコードを例に挙げると、"IIm7の場合はテンションに9thが使えて、IIIm7の時は使えない"という事実のみを暗記するのではなく、"なぜそうなるのか"を理解することによってVIm7やIVm7といった他のコードの場合にも応用ができ、さまざまなケースについて自分で答えを導き出せるようになっています。

　ただ私自身は作品が必ずしも音楽理論に従ったものでなくても良いと考えています。既存の音楽理論通りでなくとも格好良ければ、その都度

理論の方を変えていけば良いのです。しかしながら、かつて某SF作家は"常識を知らなければ常識を壊す作品を書くことはできない"という趣旨の発言をしました。音楽についても同様です。音楽の革命家とされる偉大な作曲家は皆、自分の世代まで積み上げられてきた音楽理論に対して卓越した知識があったからこそ、今までにないサウンドを作り上げることができたのです。本書を通して読者の皆様が音楽理論に対する理解を深めると同時に、既存の音楽理論を壊すような新しい音楽を作り出すきっかけのひとつになることを願っております。

平成三十年四月　清水響

コード理論大全　目　次

第一編　音楽理論の基礎　11

Ⅰ．音程　12
   1．音程の仕組み　12
   2．音程の転回　14

Ⅱ．音階と調号　17
   1．長音階と短音階　17
   2．調号の決定と五度圏　18

Ⅲ．調性内三和音　23
   1．三和音の種類　23
   2．三和音のコードシンボル　25
   3．三和音の転回　26

Ⅳ．調性内四和音　30
   1．四和音の種類　30
   2．異なる調での調性内四和音　31

Ⅴ．楽曲分析の基礎　34
   1．和声分析　34
   2．ローマ数字による記述　35
   3．異なる調での和声分析　37
   4．記号の記述法と読み方　38

Ⅵ．その他の頻出和音　40
   1．その他の三和音　40
   2．その他の四和音　40

第二編　長調の和声　45

Ⅰ．長音階構成音　46
   1．調性音楽の感じられ方　46
   2．各音の特色　46

Ⅱ．長調での調性内和音の機能　50
   1．メジャースケールの特性音　50
   2．トニックファンクション　52
   3．ドミナントファンクション　53
   4．サブドミナントファンクション　54

Ⅲ．終止 ·· 57
　　1．終止法 ·· 57
　　2．正格終止 ·· 57
　　3．変格終止 ·· 60
　　4．半終止 ·· 61
　　5．偽終止 ·· 62
　Ⅳ．アナライズの例 ·· 64
　　1．コードアナライズ ·· 64
　　2．機能別分類と終止法 ·· 65
　Ⅴ．和音の置換 ·· 68
　　1．三和音から四和音への置換 ·· 68
　　2．和音の機能を保ったままの置換 ···································· 70
　　3．和音の機能を変えた置換 ·· 71

第三編　短調の和声　　75

　Ⅰ．自然短音階 ·· 76
　　1．長調、短調の関係 ·· 76
　　2．各音の特色 ·· 76
　　3．自然短音階で得られる調性内和声 ·································· 77
　Ⅱ．和声的短音階 ·· 81
　　1．七度の矯正 ·· 81
　　2．和声的短音階の調性内和音 ·· 82
　Ⅲ．旋律的短音階 ·· 85
　　1．六度の矯正 ·· 85
　　2．旋律的短音階の調性内和音 ·· 86
　Ⅳ．短調の曲例 ·· 89
　　1．短調の楽曲分析例一 ·· 89
　　2．短調の楽曲分析例二 ·· 91

第四編　テンションを含む和音　　95

　Ⅰ．非和音構成音 ·· 96
　　1．テンションの基礎 ·· 96
　　2．使用可能なテンション ·· 97
　　3．その他調性内和音での使用可能テンション ·························· 99
　Ⅱ．ドミナントコードでの例外 ·· 102

　　　　1．オルタードテンションの使用 …………………………………… 102
　　　　2．同音程テンションの組み合わせ制限 …………………………… 102
　　Ⅲ．テンションと旋律の関係 …………………………………………… 105
　　　　1．旋律における非和声音の使用 …………………………………… 105
　　　　2．その他の和音における旋律 ……………………………………… 107
　　Ⅳ．短調におけるテンション …………………………………………… 110
　　　　1．短音階でのアヴェイラブルテンション ………………………… 110
　　　　2．和声的短音階上でのアヴェイラブルテンション ……………… 111
　　　　3．旋律的短音階上でのアヴェイラブルテンション ……………… 112

第五編　セカンダリードミナント … 115

　　Ⅰ．セカンダリードミナントの基礎 …………………………………… 116
　　　　1．トニックコード以外へのドミナントコードの解決 …………… 116
　　　　2．トニック以外へのドミナントモーション ……………………… 117
　　　　3．セカンダリードミナントのテンション ………………………… 118
　　　　4．ナチュラルマイナーでのセカンダリードミナント …………… 121
　　Ⅱ．セカンダリードミナントの発展 …………………………………… 125
　　　　1．ハーモニックマイナースケールでのセカンダリードミナント … 125
　　　　2．メロディックマイナースケールでのセカンダリードミナント … 126
　　Ⅲ．セカンダリードミナントと二度マイナーセブン ………………… 127
　　　　1．リレイティッドⅡ-7 ……………………………………………… 127
　　　　2．リレイティッドⅡ-7のデュアルファンクション ……………… 128
　　　　3．リレイティッドⅡ-7のアヴェイラブルテンション …………… 128
　　Ⅳ．エクステンデッドドミナント ……………………………………… 132
　　　　1．ドミナントの連続 ………………………………………………… 132
　　　　2．エクステンデッドドミナントのアヴェイラブルテンション … 133
　　　　3．フレーズの途中からのドミナントの連続 ……………………… 134
　　Ⅴ．エクステンデッドドミナントとリレイティッドⅡ-7 …………… 136
　　　　1．リレイティッドⅡ-7の挿入 ……………………………………… 136
　　　　2．ツーファイブの連続 ……………………………………………… 137
　　　　3．連続するツーファイブのアヴェイラブルテンション ………… 138

第六編　モーダルインターチェンジ … 141

　　Ⅰ．モード ………………………………………………………………… 142
　　　　1．チャーチモード …………………………………………………… 142

2．メロディックマイナーの派生モード ……………………………… 145
　Ⅱ．モーダルインターチェンジの基礎 ………………………………………… 150
　　　1．コードの借用 ……………………………………………………… 150
　　　2．モーダルインターチェンジコードのアヴェイラブルテンション …… 151
　　　3．代表的なモーダルインターチェンジコード ……………………… 152
　Ⅲ．セカンダリードミナントとモーダルインターチェンジの使用例 …… 159
　　　1．コードアナライズ ………………………………………………… 159
　　　2．アヴェイラブルテンション ………………………………………… 161
　　　3．旋律について ……………………………………………………… 162

第七編　ドミナントコードの応用と発展 …………… 165

　Ⅰ．サブスティチュートドミナントの基礎 ……………………………………… 166
　　　1．トライトーンの解決 ……………………………………………… 166
　　　2．ドミナントの置換 ………………………………………………… 168
　Ⅱ．トニック以外に解決するsubV7 ………………………………………… 171
　　　1．subV7/Ⅱ、subV7/Ⅳ、subV7/Ⅴ ……………………………… 171
　　　2．subV7/Ⅲ、subV7/Ⅵ …………………………………………… 172
　　　3．subV7/Ⅶ ………………………………………………………… 173
　Ⅲ．マイナーキーでのsubV7 ………………………………………………… 176
　　　1．subV7、subV7/Ⅱ、subV7/Ⅳ、subV7/Ⅴ …………………… 176
　　　2．subV7/♭Ⅲ、subV7/♭Ⅵ、subV7/♭Ⅶ ………………………… 177
　Ⅳ．サブスティチュートドミナントのツーファイブ ……………………………… 180
　　　1．サブスティチュートドミナントとリレイティッドⅡ-7 ……………… 180
　　　2．連続するルートの半音進行 ……………………………………… 181
　　　3．ツーファイブの進行パターン …………………………………… 182
　Ⅴ．サブスティチュートドミナントと付随するⅡ-7のテンション ……… 186
　　　1．サブスティチュートドミナントのテンション ……………………… 186
　　　2．ルートが半音進行の場合のマイナーセブンスのテンション ……… 188
　　　3．サブスティチュートドミナントのリレイティッドⅡ-7のテンション
　　　　………………………………………………………………………… 190
　Ⅵ．エクステンデッドサブスティチュートドミナント ……………………… 193
　　　1．サブスティチュートドミナントの連続 …………………………… 193
　　　2．エクステンデッドサブスティチュートドミナントと
　　　　リレイティッドⅡ-7 ………………………………………………… 195
　　　3．リレイティッドⅡ-7に解決する進行 ……………………………… 196
　Ⅶ．ドミナント機能を持たないドミナントセブンスコード …………………… 201

1. 偽終止とモーダルインターチェンジ ………………………………………… 201
　　2. ドミナントモーションの省略 …………………………………………………… 203
　　3. 半音上への進行 ……………………………………………………………………… 205
　　4. ラインクリシェへの発展 ………………………………………………………… 208

第八編　ディミニッシュトコード　209

- Ⅰ. ディミニッシュトセブンスコードの基礎 …………………………………… 210
　　1. ディミニッシュトセブンスコードを含む進行 …………………………… 210
　　2. ディミニッシュトセブンスコードの上行アプローチ ………………… 211
　　3. ディミニッシュトセブンスコードの下行アプローチ ………………… 215
　　4. ディミニッシュトセブンスコードのオグジュアリーアプローチ … 216
　　5. 転回形コードへの進行 ………………………………………………………… 218
- Ⅱ. ディミニッシュトセブンスコードのテンション ………………………… 222
　　1. 四種類のテンションノート …………………………………………………… 222
　　2. 各ディミニッシュトセブンスコードのテンション …………………… 222
　　3. オクタトニックスケール ……………………………………………………… 225
- Ⅲ. ブルース進行によるディミニッシュトコードの使用例 ……………… 230
　　1. モーダルインターチェンジによるブルース進行のアナライズ …… 230
　　2. ディミニッシュトセブンスコードを使用したジャズブルースの例
　　　 ……………………………………………………………………………………………… 231

第九編　転調　235

- Ⅰ. 転調の基礎 ……………………………………………………………………………… 236
　　1. 転調のアナライズ ………………………………………………………………… 236
　　2. 一時的なトーナリティの変化 ………………………………………………… 237
- Ⅱ. いろいろな転調の方法 ……………………………………………………………… 241
　　1. ダイレクトモジュレーション ………………………………………………… 241
　　2. 平行パターンのダイレクトモジュレーション ………………………… 241
　　3. ピボットコードモジュレーション ………………………………………… 242
　　4. ピボットコードのアヴェイラブルテンション ………………………… 243
- Ⅲ. ドミナントコードを用いた転調 ……………………………………………… 246
　　1. プライマリードミナントからの転調 ……………………………………… 246
　　2. セカンダリードミナントを用いた転調 …………………………………… 247
　　3. サブスティチュートドミナントを用いた転調 ………………………… 250
　　4. ♭Ⅶ7を用いた転調のアプローチ …………………………………………… 252

5．トランジショナルモジュレーション ─────────── 253

第十編　コードスケール ─────────────────────── 257

　Ⅰ．メジャーキーにおけるコードスケール ──────────── 258
　　　1．メジャーダイアトニックコードスケール ─────── 258
　　　2．ミクソリディアンの変形スケール ───────── 262
　　　3．その他のドミナントセブンスのコードスケール ───── 264
　　　4．V7sus4のコードスケール ─────────── 266
　Ⅱ．マイナーキーにおけるコードスケール ──────────── 269
　　　1．ナチュラルマイナーのダイアトニックコードスケール ─── 269
　　　2．ハーモニックマイナーのダイアトニックコードスケール ── 271
　　　3．メロディックマイナーのダイアトニックコードスケール ── 273
　　　4．マイナーキーのドミナントコードスケール ────── 276
　Ⅲ．セカンダリードミナントのコードスケール ────────── 279
　　　1．セカンダリードミナントのコードスケールの導出 ───── 279
　　　2．各セカンダリードミナントコードのコードスケール ──── 280
　Ⅳ．モーダルインターチェンジコードのコードスケール ──────── 284
　　　1．メジャーセブンスコードのコードスケール ────── 284
　　　2．マイナーコードのコードスケール ───────── 285
　　　3．ドミナント機能を持たないドミナントセブンスコードの
　　　　　コードスケール ────────────── 288
　Ⅴ．その他のコードスケール ─────────────── 292
　　　1．サブスティチュートドミナントセブンスコードのコードスケール
　　　　　────────────────────── 292
　　　2．ディミニッシュトセブンスコードのコードスケール ──── 294
　　　3．二種類のミクソリディアン派生モード ──────── 296
　Ⅵ．モーダルハーモニー ─────────────── 301
　　　1．モーダルミュージックの基礎 ───────── 301
　　　2．ドリアンモード ────────────── 302
　　　3．フリジアンモード ────────────── 303
　　　4．リディアンモード ────────────── 304
　　　5．ミクソリディアンモード ──────────── 306
　　　6．コードスケールのモーダルアプローチ ──────── 307

第十一編　その他の和声技法 ……………………………………………… 311

- Ⅰ．ペダルポイント ………………………………………………………… 312
  1. トニックペダル ……………………………………………………… 312
  2. ドミナントペダル …………………………………………………… 314
  3. サブドミナントペダル ……………………………………………… 315
  4. インテリアペダル …………………………………………………… 316
  5. ソプラノペダル ……………………………………………………… 317
- Ⅱ．コンスタントストラクチャーによるコード進行 …………………… 320
  1. 同一コードタイプの連続 …………………………………………… 320
  2. コンスタントストラクチャー上のルートモーション …………… 321
  3. コンスタントストラクチャー上のメロディとコードスケール … 323
  4. コンスタントストラクチャーのコードアナライズ ……………… 324
- Ⅲ．マルチトニックシステム ……………………………………………… 329
  1. 短期間での調性の変遷 ……………………………………………… 329
  2. 五種類のマルチトニックシステム ………………………………… 333
- Ⅳ．コンティギュアスモーション ………………………………………… 336
  1. ドミナントコードの連続 …………………………………………… 336
  2. コンティギュアスモーションとツーファイブ …………………… 337

第十二編　コンパウンドコード ……………………………………………… 341

- Ⅰ．コンパウンドコードの基礎 …………………………………………… 342
  1. コンパウンドコードの種類 ………………………………………… 342
  2. ハイブリッドコードの特徴 ………………………………………… 343
  3. ハイブリッドコードの置換 ………………………………………… 345
- Ⅱ．ハイブリッドコードの導出 …………………………………………… 350
  1. メジャーキーでのハイブリッドコードの導出 …………………… 350
  2. その他ダイアトニックコードスケール上のハイブリッドコード … 356
  3. 非ダイアトニックコードスケールのハイブリッドコード ……… 357
- Ⅲ．ポリコード ……………………………………………………………… 361
  1. ポリコードの意義と必要性 ………………………………………… 361
  2. ポリコードの条件 …………………………………………………… 363
  3. ポリコードの導出 …………………………………………………… 364

解答集 ……………………………………………………………………………… 369
索引 ………………………………………………………………………………… 405
著者プロフィール ………………………………………………………………… 415

第一編

音楽理論の基礎

I. 音程

1. 音程の仕組み

　音程（インターバル、Interval）とはふたつの音の高さの間隔のことで、基準となる音からもうひとつの音への相対的な距離のことを指します。この間隔は度数によって表されます。日本では絶対的な音の高さを示す音名表記としてイタリア式の"ドレミファソラシ"、もしくは日本式"ハニホヘトイロ"が一般的ですが、本書では英語圏の表記である、"CDEFGAB"を用いることにします。図 I -1aは英語表記の音名とピアノ鍵盤の対応を示しています。

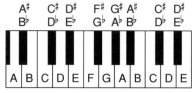

図 I -1a

　まずは図 I -1bのように基準をCにとって音程を考えていきましょう。ふたつの音符が五線譜（Staff）の同一の線（Line）、もしくは同一の間（Space）に存在するときの音程を一度もしくはユニゾン（Unison）といいます。図 I -1bのように基準となる音から間隔が広くなるにつれ、二度、三度と度数は増えていきます。また八度の音程はオクターブ（Octave）とも呼ばれます。

図 I -1b

同じ度数の音程であっても、2音の間隔に差が生じる場合もあります。例えばCとD及びEとFはどちらも二度の音程ですが、キーボードのCとDの間には黒鍵があり、CとDの間隔は半音（Half Tone）ふたつ分、すなわち全音（Whole Tone）です。一方でEとFの間には黒鍵はなく、EとFの間隔は半音ひとつ分しかありません。このように全音の間隔を持つ二度の音程を長二度（Major 2nd）、半音の間隔を持つ二度の音程を短二度（Minor 2nd）と呼びます。

　同様に三度の音程ではCE間のように全音＋全音（半音4個分の間隔）の音程を長三度（Major 3rd）、DF間のように全音＋半音（半音3個分の間隔）の音程を短三度（Minor 3rd）と呼びます。
　四度の場合、CとFのように長三度＋短二度（半音5個分の間隔）の音程を完全四度（Perfect 4th）と言います。またFB間の音程のように長三度＋長二度（半音6個分の間隔）の音程は増四度（Augmented 4th）と呼ばれます。
　五度では、CとGのように完全四度＋長二度（半音7個分の間隔）の音程を完全五度（Perfect 5th）と言います。それに対してBF間の音程のように完全四度＋短二度（半音6個分の間隔）の場合は減五度（Diminished 5th）と呼ばれます。
　増四度と減五度の音程の度数は異なるものの、実質的な2音の間隔は等しく、この関係を異名同音程（エンハーモニックインターバル、Enharmonic Interval）と呼びます。この増四度と減五度の音程は後の章で示すようにさまざまな特質を持っているので、特別に三全音、もしくはトライトーン（Tritone）とも呼ばれます。この三全音という名前は、この音程が全音3つ分（半音6個分）であるということに由来します。
　六度の音程ではCA間のように完全五度＋長二度（半音9個分の間隔）の音程を長六度（Major 6th）、EC間のように完全五度＋短二度（半音8個分の間隔）の音程を短六度（Minor 6th）と呼びます。
　七度の音程ではCB間のように長六度＋長二度（半音11個分の間隔）の音程を長七度（Major 7th）、DC間のように長六度＋短二度（半音10個分の間隔）の音程を短七度（Minor 7th）と呼びます。
　ふたつの音符が同一の音の高さを持つ場合は完全一度（Perfect Unison）、八度の音程で半音12個分の間隔を持つ場合を完全八度（Perfect Octave）と言います。臨時記号（Accidental）がない場合、同一調性内における一度はすべて完全一度、八度はすべて完全八度となります。

図Ⅰ-1c

　図Ⅰ-1dのように長音程（長二度、長三度など）、もしくは完全音程（完全四度、完全五度など）に臨時記号が付くことによって度数は変わらずに間隔が半音広くなる場合は増音程となります。また短音程（短二度、短三度など）、もしくは完全音程に臨時記号が付いて、間隔が半音狭くなる場合は減音程となります。

図Ⅰ-1d

2. 音程の転回

　2音の間隔から音程は決定されますが、どちらの音が高いか低いかによって二通りの音程が導かれます。例えば図Ⅰ-2aのようにCE間の音程はCがEより低い場合と、CがEより高い場合の二通りがあります。

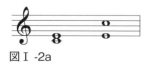

図Ⅰ-2a

　このようにふたつの音高からは二通りの異なる音程が得られます。また図Ⅰ-2bに示されるとおり、ふたつの音のうち低い方の音をオクターブ上げることによってもう

一方の音よりも高くする操作のことを転回（Inversion）と言います。

図Ⅰ-2b

　図Ⅰ-2cではCを基準とした音程の転回、元の音程と転回後の音程の対応をまとめています。

　　　短二度-長七度（Minor 2nd-Major 7th）
　　　長二度-短七度（Major 2nd-Minor 7th）
　　　短三度-長六度（Minor 3rd-Major 6th）
　　　長三度-短六度（Major 3rd-Minor 6th）
　　　完全四度-完全五度（Perfect 4th-Perfect 5th）
　　　増四度-減五度（Augmented 4th-Diminished 5th）

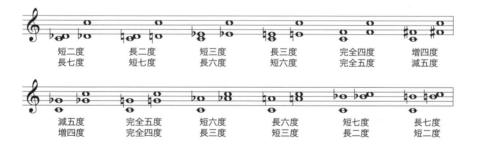

図Ⅰ-2c

　転回前後の音程の数字を足し合わせると必ず9になります。また短音程の転回は長音程に、長音程の転回は短音程に、完全音程の転回は完全音程になり、増音程の転回は減音程に、減音程の転回は増音程になります。このように転回前後の音程は一定の法則に従います。また増四度-減五度音程のみ転回前後でも異名同音程となり、これはトライトーンの大きな特徴のひとつです。

練習問題

問1 以下の楽譜に示される各音程の度数を指摘しなさい。

例：長二度

問2 以下の楽譜に示される各音程を転回し、転回前と転回後の度数をそれぞれ指摘しなさい。

例：長三度、短六度

II. 音階と調号

1. 長音階と短音階

音階とは段階的に上行もしくは下行する音の集合のことを指します。特に西洋音楽において長音階（メジャースケール、Major Scale）と短音階（マイナースケール、Minor Scale）は調を決定する基礎的な音階として捉えられており、近現代の和声理論や記譜法はこのふたつの音階を基準に構築されています。

図Ⅱ-1a

まずは長音階から見ていきましょう。図Ⅱ-1aに示されているのはハ長音階（以下Cメジャースケール）です。長音階とは基準となる音から"全音＋全音＋半音＋全音＋全音＋全音＋半音"の積み重ねでできている音階です。図Ⅱ-1aに示されるようにCメジャースケールに含まれる音高（ピッチクラス、Pitch Class）はC、D、E、F、G、A、Bであり、Bの次には再びC、D、E、F……と"全音＋全音＋半音＋全音＋全音＋全音＋半音"の積み重ねが繰り返されます。この音階を基礎とする楽曲の調はハ長調（Cメジャーキー、Key of C Major）となります。

図Ⅱ-1b

図Ⅱ-1bはイ短音階（以下Aマイナースケール）です。短音階は基準となる音から"全音＋半音＋全音＋全音＋半音＋全音＋全音"の積み重ねでできている音階で、Aマイナースケールの場合はA、B、C、D、E、F、Gの音高を含んでいます。この音階

を基礎とする楽曲の調はイ短調（Aマイナーキー、Key of A Minor）となります。これらの基準となる第一音（Cメジャースケールの場合はC、Aマイナースケールの場合はA）を主音またはトニック（Tonic）と言います。このふたつの音階はキーボード上では黒鍵を含んでいません。

このようにCメジャースケール、Aマイナースケールは基準となる音が異なるだけで同じ音高の組み合わせでできている音階であることが分かります。このようなふたつの音階の関わりを英語圏では関係音階（レラティブスケール、Relative Scale）、調号の関わりを関係調（レラティブキー、Relative Key）と呼びます。ただし日本では伝統的に平行音階、平行調と呼ばれることが多くあります。

また長音階、短音階のように7つの音が全音ふたつ、半音、全音3つ、半音という間隔で構成される音階を全音階またはダイアトニックスケール（Diatonic Scale）と呼びます。長音階、短音階の他、本書でも後に登場する教会旋法（Church Mode）も全音階に含まれています。

2. 調号の決定と五度圏

前項では基準となる音階によって楽曲の調が決定されるということを学びました。Cメジャースケール、Aマイナースケールはキーボード上ではともに黒鍵を含まない音階でしたが、今回はその他の音階と調号（Key Signature）について考えていきましょう。まずCから完全五度上のGを基準とした長音階、Gメジャースケールを例にとってみましょう。

図Ⅱ-2a

長音階とは基準となる音から"全音＋全音＋半音＋全音＋全音＋全音＋半音"の積み重ねでできている音階ですので、Gメジャースケールに含まれる音高はG、A、B、C、D、E、F♯となります。このようにGメジャースケールとCメジャースケールとの構成音の違いはFに♯が付いている点です。

Gメジャースケールのみを使った楽曲は、常にFには♯が付けられています。しかし

ながら作譜において毎回臨時記号の♯をFの音符の前に置くのは非常に面倒であり、また演奏家にとっては読みにくくもあります。そのために音部記号（Clef）の右隣に調号を示すことで、♮や♭などの臨時記号が付かない場合、常にFには♯が付いている状態であると設定することができます。このように調号を設置することによって、臨時記号を使わずに長音階の基準となる主音をずらすことができます。

　Cメジャースケールとはマイナースケールの関係と同様に、Gメジャースケールのレラティブスケールはドマイナースケールになります。そのためFに♯の付いた調号の楽曲であれば、その基準となる音階と調はGメジャースケール、Gメジャーキーあるいはドマイナースケール、Eマイナーキーであると判断することができるのです。

図Ⅱ-2b

　同様にDを基準に"全音＋全音＋半音＋全音＋全音＋全音＋半音"の積み重ねを作るにはD、E、F♯、G、A、B、C♯のようにFとCに♯を付けることによって可能で、この場合のレラティブマイナースケールはBマイナースケールになります。

図Ⅱ-2c

図Ⅱ-2d

　またFを基準にした長音階はF、G、A、B♭、C、D、Eで、Bに♭が付きます。この場合のレラティブマイナースケールはDマイナースケールです。

図Ⅱ-2e

図Ⅱ-2f

　このように西洋音楽では一般的に長音階、短音階ともにC～Bまで全12種類の音高を基準とした全24種類の調が存在します。図Ⅱ-2gは調号と♯や♭の数を分かりやすくまとめたもので五度圏（Cycle of 5th）と呼ばれます。この図から基準となる音階は調号の♯がひとつ増えると完全五度上（例えばCからG、GからD）に移行し、♭がひとつ増えると完全五度下（例えばCからF、FからB♭）へと移行するということが分かります。この図は調号の暗記や音楽理論の理解に欠かせないものなので、ぜひ覚えておきましょう。

　調号を学ぶ際において、C♯メジャーキーやA♭マイナーキーなどの表記は使われないことを、多くの人が疑問に思われるようです。F♯メジャーキーの調号にさらにもうひとつ♯を加えて、C♯メジャーキーの調号を作ることも理論上は可能です。しかしながら出来上がったものは実質的にはD♭メジャーキーと同じものです。というのもC♯とD♭は異名同音であるので、それらを主音に持つ長音階もまた実質的に同じものだからです。そのために♯が7つ付く煩雑な調号よりも♭5つのより簡潔な調号が多くの場合用いられるのです。それと同様にA♭マイナーキーやD♯メジャーキー、G♭マイナーキーといった調号も理論上は可能ですが一般には用いられません。

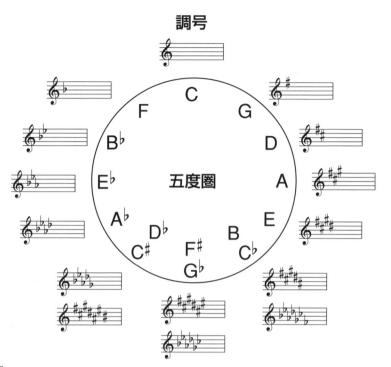

図Ⅱ-2g

練習問題

問3　以下の音を構成音に含むダイアトニックメジャースケール及びダイアトニックマイナースケールをそれぞれ指摘しなさい。

例：Gメジャースケール、Eマイナースケール

問4　以下の調号で示されるメジャーキー、マイナーキーをそれぞれ書き入れなさい。

例：Dメジャーキー、Bマイナーキー

Ⅲ. 調性内三和音

1. 三和音の種類

　3音以上の異なる高さの音が同時に響いた際に合成される音を和音、またはコード（Chord）と言います。和音の繋がりを和声（Harmony）と呼び、旋律（Melody）、リズム（Rhythm）と並び音楽の基本的な要素となっています。まずは基礎的な和音である、全音階的三和音（ダイアトニックトライアド、Diatonic Triad）から学んでいきましょう。

　全音階的という音楽用語はあまり耳慣れないように感じますが、その元となる英単語"ダイアトニック"は調性に属するという意味の形容詞です。三和音とは3つの異なる音高から成り立つ和音のことで、多くの場合は三度の積み重ね（長三度+短三度・短三度+長三度・短三度+短三度・長三度+長三度）で構成された和音を指します。つまりダイアトニックトライアドとはダイアトニックスケール内の三度の積み重ねで出来た3音の和音という意味になります。ここでは例としてCメジャーキーで考えていきます。Cメジャーキーのダイアトニックトライアドは図Ⅲ-1aのようになります。

図Ⅲ-1a

　図Ⅲ-1aで示されたようにダイアトニックトライアドの構成音の根音（ルート、Root）、三度（3rd）、五度（5th）はすべてCメジャースケールに属しています。この7つのダイアトニックトライアドのうちルートにC、F、Gを持つものは長三度+短三度の積み重ねで構成される三和音で、長三和音（メジャートライアド、Major Triad）、もしくはメジャー、メジャーコードとも呼ばれます（図Ⅲ-1b）。

図Ⅲ-1b

　またルートにD、E、Aを持つダイアトニックトライアドは短三度＋長三度の積み重ねで出来ており、こちらは短三和音（マイナートライアド、Minor Triad）、もしくはマイナーやマイナーコードとも言われています。

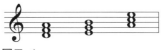

図Ⅲ-1c

　メジャートライアド、マイナートライアドともに構成音に完全五度を持ち、その違いは第二音が長三度であるか短三度であるかによって判断されます。
　またルートをBに持つトライアドは短三度＋短三度の積み重ねで構成されています。

図Ⅲ-1d

　このトライアドは減三和音（ディミニッシュトライアド、Diminished Triad）もしくはディミニッシュと呼ばれ、構成音に減五度を持つのが特徴です。
　基本的なトライアドにはもうひとつ、長三度＋長三度の積み重ねでできる増三和音（オーギュメンティッドトライアド、Augmented Triad）が存在しますが、ダイアトニックスケールに属する音高のみでは作ることができないためオーギュメンティッドトライアドはダイアトニックトライアドには含まれません。増三和音は単にオーギュメントと言われることもあります。
　また、この増三和音を表す英単語"Augment"のカタカナ表記は"オーギュメント"とされることが多く、本書でもこの表記を採用していますが、実際の英語の発音は"オーグメント"という表記により近いと言えるでしょう。

図Ⅲ-1e

2. 三和音のコードシンボル

　コードシンボル（Chord Symbol）とは和音を視覚的に簡略化して示す記号です。音楽理論書や、ジャズ、ポピュラーミュージックの楽譜などで幅広く使われています。コードシンボルは根音に和音の種類を加えた形で図Ⅲ-2aのように表されます。

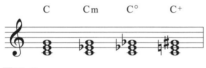

図Ⅲ-2a

　メジャートライアドの場合は根音のみで表記され、種類を表す記号は省略されます。マイナートライアドの場合は根音に"minor"、"m"もしくは"-"が付け加えられます。ディミニッシュトトライアドは根音に"dim"、"°"または"m(♭5)"で表され、オーギュメンティッドトライアドは根音に"aug"もしくは"+"などの表記で表されます。コードシンボルの表記に関しては国際的な基準が存在しないため、同じ和音の種類でも出版社や作曲家によって上記のようにいろいろな表記が用いられています。

　Cメジャーキーでのダイアトニックトライアドのコードシンボルは図Ⅲ-2bのようになります。

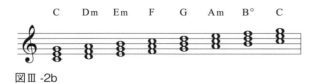

図Ⅲ-2b

またコードシンボルが表すのは根音と和音の種類のみで、音の高低や和音の積み重ね方に関しては何も決まりがありません。例えばCmのコードシンボルはC、E♭、Gを含む三和音という意味なので、図Ⅲ-2cの和音はすべてCmとなります。

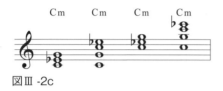

図Ⅲ-2c

3. 三和音の転回

今までは最低音が根音の三和音について学んできましたが、ここでは根音以外が最低音となる転回形について勉強していきましょう。まず最低音が根音である和音の形を基本形（ルートポジション、Root Position）と呼びます。そして最低音を1オクターブ高くして最高音にする操作を二音の場合と同様に転回（Inversion）と言い、基本形の最低音を転回することによって出来る和音の形を第一転回形（ファーストインヴァージョン、1st Inversion）と呼びます。第一転回形では第二音（例えばCメジャートライアドであればE）が最低音となります。第一転回形にもう一度転回の操作を加えると、第三音（CメジャートライアドであればG）が最低音となる第二転回形（セカンドインヴァージョン、2nd Inversion）となります。また第二転回形をさらに転回すると基本形に戻ります。

転回形をコードシンボルで表す際には最低音を指定する/を用います。例えばCメジャートライアドの第一転回形では最低音がEなので、コードシンボルはC/Eとなります。同様に第二転回形ではC/Gとなります。基本形ではC/Cですが、最低音が根音の場合は省略されるので、コードシンボルの表記はCとなります。

図Ⅲ-3a

転回形のコードはスムーズなコード進行（Chord Progression）のためには欠かせません。例としてDm→G→Cというコード進行を考えていきましょう。これらのコードの上部三声がすべて基本形で進行されていく場合は、図Ⅲ-3bのようになります。しかしながらこの場合、それぞれの上部三声がコード進行の前後で大きく跳躍し、前後の繋がりがスムーズではありません。

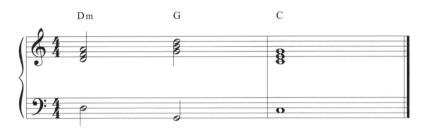

図Ⅲ-3b

今度は図Ⅲ-3cを見てください。こちらの上声部ではGの第二転回形、Cの第一転回形を使っていますが、そのために各声部の動きが長二度以内に抑えられていて、それぞれのコードがスムーズに繋がっています。このようにコードが移り変わる際のコード構成音の動きをボイスリーディング（Voice Leading）と言います。スムーズなボイスリーディングは作曲や編曲において大いに役立つので、ぜひ身に付けておきたいスキルです。

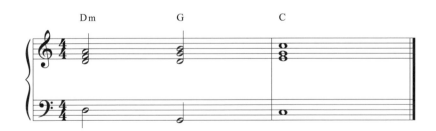

図Ⅲ-3c

転回によってコードの持つ機能が変化することはありませんが、基本形に比べて転回形は不安定な響きとされています。そのためバロック音楽や古典派音楽など、18世

紀以前のクラシック作曲家の作品の最後のコードはほぼすべてが基本形であると言っても過言ではありません。

練習問題

問5 以下の三和音をコードシンボルによって表しなさい。ただし転回系の場合には/を用いて最低音を示しなさい。

問6 例のように、以下和声進行の各和音をコードシンボルで表し、ルートをベース音として付け加えなさい。

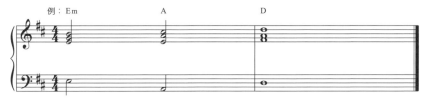

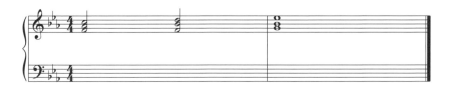

IV. 調性内四和音

1. 四和音の種類

　前章で学んだ調性内の三和音を拡張し、ここでは調性内四和音を学んでいきましょう。ダイアトニックトライアドはルートを基準に三度、五度の音の積み重ねで成り立っています。五度の上に更に三度の音を積み重ね、三和音に七度の音を加えて得られる四和音を調性内七の和音、もしくはダイアトニックセブンスコード（Diatonic Seventh Chord）と呼びます。Cメジャーキーで得られるすべてのダイアトニックセブンスコードは図IV-1aのようになります。

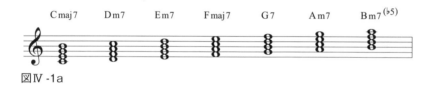

図IV-1a

　ダイアトニックトライアドは全三種類に分類できましたが、ダイアトニックセブンスコードは全四種類に分類することができます。キーがCメジャーの場合、CとFをルートとするダイアトニックセブンスコードはルート＋長三度＋完全五度＋長七度で成り立っていて、このような四和音を長七の和音、あるいはメジャーセブンスコード（Major Seventh Chord）と言います。コードシンボルには"Maj7"、"maj7"や"△7"が用いられます。

　次にルートがD、E、Aの場合に得られるダイアトニックセブンスコードはルート＋短三度＋完全五度＋短七度となります。これらの種類の四和音は短七の和音、またはマイナーセブンスコード（Minor Seventh Chord）と呼ばれ、コードシンボルには"-7"、"m7"、"min7"などが使われます。

　またGをルートとするダイアトニックセブンスコードはルート＋長三度＋完全五度＋短七度の和音です。このコードは属七の和音、もしくはドミナントセブンスコード

(Dominant Seventh Chord）と言いますが、多くの場合は単にセブンスコードと略されます。コードシンボルには一般的に"7"が用いられますが、まれに"dom7"と書かれることもあります。

最後にルートがBの場合、得られるコードはルート＋短三度＋減五度＋短七度となります。日本語では導七の和音、半減七の和音とも言いますが、一般的にはハーフディミニッシュトセブンス（Half Diminished Seventh）と呼ばれています。またこの和音はマイナーセブンスコードの構成音である完全五度が半音低くなったものであるという事実からマイナーセブンスフラットファイブ（Minor Seventh Flat Five）とも呼ばれます。この呼称はおもにジャズ奏者に使われています。コードシンボルには"φ"、"φ7"や"m7(♭5)"といった表記が使われます。

2. 異なる調での調性内四和音

さて今まではCメジャーキーのみのダイアトニックセブンスコードを勉強してきましたが、ここでは例としてキーがFメジャーとB♭メジャーの場合を見ていきましょう。

まずもう一度、キーとスケールの関係をおさらいしておきましょう。図Ⅱ-2e（P.20）を見てください。Fメジャーキーの場合、基準となるスケールはFメジャースケールで、Fから始まり"全音＋全音＋半音＋全音＋全音＋全音＋半音"の音階を得るにはBに♭をひとつ付ければ良いということが分かります。

そして図Ⅳ-1a同様に基準となるFから順番にダイアトニックセブンスコードを作っていくと、得られるコードは図Ⅳ-2aのようになります。

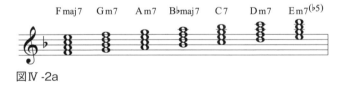

図Ⅳ-2a

キーがCメジャーからFメジャーへ変わっても基準となる音がCからFへ移るだけなので、Fを基準にして同じ種類のダイアトニックセブンスコードが得られることになり、CメジャーキーとFメジャーキーの各コードは以下のように対応します。

Cmaj7	-	Fmaj7
Dm7	-	Gm7
Em7	-	Am7
Fmaj7	-	B♭maj7
G7	-	C7
Am7	-	Dm7
Bm7 (♭5)	-	Em7 (♭5)

　同様にB♭メジャーキーも見ていきましょう。B♭メジャースケールを作るにはBとEにフラットを付ければ良いので、得られるダイアトニックセブンスコードは図Ⅳ-2bのようになり、Cメジャーキーとは以下のように対応します。

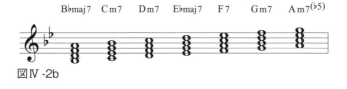

図Ⅳ-2b

Cmaj7	-	B♭maj7
Dm7	-	Cm7
Em7	-	Dm7
Fmaj7	-	E♭maj7
G7	-	F7
Am7	-	Gm7
Bm7 (♭5)	-	Am7 (♭5)

　今回は例としてFとB♭を取り上げてみましたが、12種類すべてのメジャーキーでも、このように他のキーと対応するダイアトニックセブンスコードを得ることができます。

練習問題

問7 以下の四和音をコードシンボルで示しなさい。

例： Fm7

V. 楽曲分析の基礎

1. 和声分析

　楽譜から、その音楽がどのように組み立てられているかを調べる作業を楽曲分析、またはアナリシス（Analysis）と言います。また日本では"分析を行う"という意味の動詞から、アナライズ（Analyze）と呼ばれています。このアナライズにはいろいろな方法があるのですが、楽曲の中で各コードがどのような機能を持ち、どのように進行していくかを調べる作業を和声分析（Harmonic Analysis）、もしくはローマ数字を使うためにローマンニューメラルアナリシス（Roman Numeral Analysis）と呼びます。音楽家にとってアナライズと言えば、多くの場合は和声分析を指します。

　本書では二十世紀以降に確立された手法を用いて和声の分析を行っていきます。この分析手法はおもにジャズやポピュラー音楽で使用されています。古典的なクラシックの和声分析方法との相違点はありますが、おもに記号や記述方法によるもので、どちらが音楽的に優れているということではありません。また大枠で捉えればどちらも和声の流れの記述に過ぎないので、どちらか一方を修得してしまえば他方の学習も比較的容易になります。

　ただ記述方法の違いによって、それぞれの長所と短所があるのは事実です。例えばジャズとともに発展してきたコードシンボルを主体な要素と捉える和声分析法は視覚的に分かりやすく、即興演奏や編曲を行う時に非常に便利な反面、ベースラインや内声の動きを詳しく記述することは難しく、特に複数の旋律を同時に扱う対位法の記述には向いていません。一方で伝統的な和声分析法は対旋律や和音の各構成音の繋がりをより詳しく記述できる反面、特別な記号が多いため視覚的に分かり辛く、また調性を外れた和声や複雑な和音の記述が難しいという短所があります。

　楽曲の種類や分析の目的によって異なるアプローチのアナライズが可能であれば、それに越したことはありません。また、現代的な分析手法でクラシック音楽をアナライズしたり、古典的なクラシック音楽の分析手法でジャズのアナライズを行ったりすることによって、新しい発見があるかも知れません。

2. ローマ数字による記述

ここでは二十世紀以降の分析方法を基礎に説明をしていきますが、古典的分析方法でもローマ数字による記述が基本となっています。本書で紹介する分析方法では大文字のローマ数字のみが使われ、それぞれの数字が図V-2aのようにキーの主音との関係を示していて、数字の右隣の記号はコードの種類を表しています。

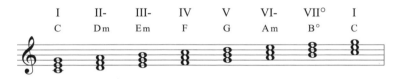

図V-2a

古典的なクラシック音楽のアナライズでは、ローマ数字を五線の下に書くことが一般的ですが、ジャズの楽譜では五線の上にコードシンボルを書くため、五線の上、特にコードシンボルの上にローマ数字を書く場合がほとんどです。また四声の和音の場合でも同様に図V-2bのように記述されます。

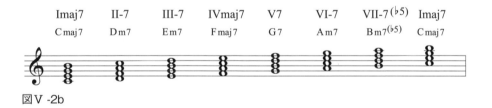

図V-2b

それではここで非常に簡単なコード進行をアナライズしてみましょう。例として次ページの図V-2cの楽譜を見てください。

図V-2c

　この楽譜には♯も♭もついていないので、キーはCメジャーということが分かります。最初のコードの構成音のベースはCで、上部三声の構成音はE、G、Cで、Cトライアドの第一転回形ですからコードはCメジャー（記号はC）となります。同様に二番目のコードはベースがA、上部三声はAマイナートライアドの第二転回形なので、Aマイナー（Am）となります。どちらも構成音は三音なので、三和音となります。

　次に三番目のコードを見てみましょう。このコードの構成音は下からD、F、A、Cと異なる四つの音高が使われているので四和音です。注意深く見てみると、これはDから三度の間隔で積み重ねられた和音であるということが分かります。Dを基準にルート＋短三度＋完全五度＋短七度の積み重ねであるので、このコードはDマイナーセブンス（Dm7）ということが分かります。

　四番目のコードの構成音は下からG、F、B、Dとなっています。一見するとこのコードが何であるかは分かりづらいかも知れませんが、GとB、BとD、DとFがそれぞれ三度の関係にあるということに注目すると、このコードはGを基準に三度の積み重ねで出来ている四和音だということが分かります。積み重ね方はルート＋長三度＋完全五度＋短七度であるので、このコードはGドミナントセブンスコード（G7）だということが分かります。そして最後のコードは最初のコードと同様Cです。

　ここからローマ数字を使ったアナライズに移っていきたいと思います。最初のCコードですが、このコードのルートは調の主音と同じCなので、主音との関係は完全一度（P.12図I-1b参照）、よってローマ数字はIを用います。またメジャートライアドですので特別な記号は付かないため、アナライズの際にはIとだけ記述されます。アナライズの際にIは、一度メジャーやワンメジャー（One Major）、または単にワンとも呼ばれます。

次のコード、AmのルートであるAはCメジャーキーの主音Cから六度上になります。そのためローマ数字にはVIを用います。コードの種類はマイナーコードなのでマイナーを表す-を付け、VI-と表されます。読み方は六度マイナーやシックスマイナー（Six Minor）です。-の代わりにmでも良いのですが、メジャーを表す大文字のMとの混同を避けるためか、-が使われるケースが多いように思われます。

三つ目のDm7ですが、これは主音からみて二度のルートを持ち、コードタイプはマイナーセブンスなので、II-7と記述されます。読み方は二度マイナーセブンス、またはツーマイナーセブンス（Two Minor Seventh）が一般的です。

四番目のG7コードのルートは主音から五度上で、ドミナントセブンスのコードタイプであるので、V7と表記されます。V7は五度セブンス、ファイブセブンス（Five Seventh）やファイブドミナントセブンス（Five Dominant Seventh）などと呼ばれます。図V-2cの和声進行は以上のように解析されます。

3. 異なる調での和声分析

Cメジャー以外のキーでも基準となる主音が変わるだけなので、同様にアナライズが可能です。例として、キーをCからGに移調（トランスポーズ、Transpose）した場合を考えてみましょう。図V-2cの楽譜を移調したものが図V-3aです。

図V-3a

移調により主音がGになり、各音が完全五度上に移行しましたが、各和音のルートと主音の関係やコードタイプは変わっておらず、単に基準がCからGへと移行したに過ぎません。ここではキーがCメジャーの時と同じアナライズが行えます。

B、D、Gを含む最初のコードタイプはGで、主音との関係は一度であるためIと記述されます。二番目のコードの構成音はB、E、GなのでEm、主音との関係よりVI-となります。同様に、A、C、E、Gを含む三番目のコードはAm7、ローマ数字を使うとII-7となり、四番目のコードの構成音はD、C、F♯、Aなのでコードの種類はD7となり、ルートが主音の五度上なのでV7と記述されます。

　このようにローマ数字によるアナライズでは、キーの違いに関わらず、主音を基準に和声進行を読み解いて理解することができます。

4.　記号の記述法と読み方

　ローマ数字を使った記号の読み書きに関してのルールは非常に簡単です。最初に主音からの度数を、次にコードタイプの順番に従い記述されます。例えば主音がCの時、Fm7（構成音はF、A♭、C、E♭）はIV-7と記述され、四度マイナーセブンスやフォーマイナーセブンス（Four Minor Seventh）などと読まれます。ローマ数字に臨時記号がつかない場合は、主音からの音程が長音程、もしくは完全音程となります。短音程の場合にはローマ数字の前に♭を、増音程の場合には♯を用います。臨時記号が付けられる際には、コードシンボルと異なり、臨時記号を度数の前に書きます。例えば主音がCである場合、E♭maj7（構成音はE♭、G、B♭、D）は♭IIImaj7と記述され、短三度メジャーセブンスや、フラットスリーメジャーセブンス（Flat Three Major Seventh）と読まれます。ローマ数字に対して臨時記号が付くルールは古典的な和声分析の場合とは記述が大きく異なるため注意が必要です。

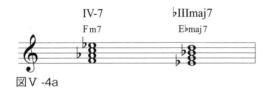

図V -4a

練習問題

問8 以下の和声進行の各コードを、ローマ数字を用いてアナライズしなさい。

問9 以下の和声進行の各和音をコードシンボルで表し、ローマ数字を用いてアナライズしなさい。

VI. その他の頻出和音

1. その他の三和音

　III章では四種類の三和音のみを取り扱ってきましたが、その他にも見かけることの多い三和音、sus4とsus2コードを紹介します。sus4コードはサスペンデッドフォー（Suspended Four）、もしくはサスフォーと呼ばれ、ルート＋完全四度＋完全五度から成ります。sus2コードはサスペンデッドトゥー（Suspended Two）、またはサストゥーと呼ばれ、ルート＋長二度＋完全五度から成る和音です。これらはコードの性質を大きく左右する三度の音が欠落しているので、今まで勉強してきたトライアドとは違う独特の響きを持っています。またsus4を転回するとルートが完全四度上のsus2になり、sus2を再度転回すると、ルートがその長二度上で、ふたつの完全四度を積み重ねたコードが得られ、これは後述する7sus4の五度を省略したコードになります。

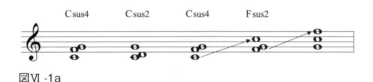

図VI-1a

2. その他の四和音

　IV章では三度の積み重ねによるダイアトニックセブンスコードを勉強しましたが、ここではその他の頻出四和音を紹介します。

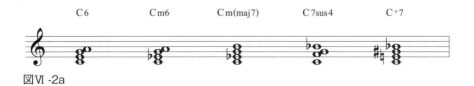

図VI-2a

"6"コードは、ルート＋長三度＋完全五度＋長六度から成る和音で、メジャーシックス（Major Six）もしくは単にシックスと呼ばれます。"Maj6"や"maj6"と表記されることもありますが、あまり一般的ではありません。コード進行上ではIやImaj7の代わりにI6が使われることが多く、また第四音の長六度をルートと考えるとマイナーセブンスコードの第一転回形とも解釈できます。

　"m6"は、ルート＋短三度＋完全五度＋長六度から構成される和音で、マイナーシックス（Minor Six）と呼ばれ、"-6"や"min6"とも表記されます。このコードも第四音の長六度をルートとして考えると、ハーフディミニッシュコードの第一転回形ともとらえることができます。

　"m（maj7）"は、ルート＋短三度＋完全五度＋長七度で構成され、マイナーメジャーセブンス（Minor Major Seventh）と呼ばれます。呼称がややこしいですが三度がマイナー（短三度）で、七度がメジャー（長七度）という意味です。表記に関しては"m△7"、"-maj7"、"min△7"、"mMaj7"など、マイナーとメジャーセブンスの組み合わせが用いられます。キーがマイナーの時（後述）に、I-maj7などとして使われることが多くあります。

　"7sus4"は、ルート＋完全四度＋完全五度＋短七度から成り、一般的にサスペンデッドセブンス（Suspended Seventh）と呼ばれます。"7sus"や"7（sus4）"、"sus7"などと表記されることもあります。完全四度が不安定な響きを持つと考えられており、四度が三度に引き寄せられるため、より安定感のあるドミナントセブンスコードへ進行していく場合が多くあります。

　"+7"は、ルート＋長三度＋増五度＋短七度を構成音に持ち、オーギュメンティッドセブンス（Augmented Seventh）と呼ばれます。"aug7"や"Aug7"と書かれることもあり、オーギュメンティッドトライアドを持つセブンスコードの中ではよく使われるコードです。多くの場合ドミナントセブンスコードのバリエーションとして用いられ、テンションに♭13を持つドミナントセブンスコード（後述）と同義で使われることも頻繁にあります。

"°7"は、ルート＋短三度＋減五度＋減七度で構成されるコードで、ディミニッシュトセブンス（Diminished Seventh）と言います。

図Ⅵ-2b

　"dim7"とも記述され、非ダイアトニックコードの中でも使用頻度の高いコードです。減七度は長六度と異名同音程で、このコードはルートからオクターブ上のルートまでを短三度音程で四等分する構成音で成り立っており、その対称性のためにさまざまな特色を持っています。例えばC°7、E♭°7、G♭°7、A°7はまったく同じ構成音を持っています。またD♭°7、E°7、G°7、B♭°7は同じ構成音を、D°7、F°7、A♭°7、B°7は同じ構成音をそれぞれ持っていますので、結果としてディミニッシュトセブンスコードは三種類とその転回形しか存在しないことになります。他にもさまざまな特徴がありますが、それはまた後の第八編で説明していくことにします。

練習問題

問10 以下の和音をコードシンボルで表しなさい。ただし、すべての和音は転回形ではなく基本形とする。

第二編

長調の和声

I. 長音階構成音

1. 調性音楽の感じられ方

　耳に馴染んで心地良いと感じられるクラシック音楽やポピュラー音楽の場合、聴いている途中で何となく次のメロディやハーモニーが予想できるものではないでしょうか。そういった音楽の場合は"終わった"と感じられるような安定した和音で締めくくられることがほとんどだと思います。また即興で鼻歌を口ずさんだりする時には、ランダムでピアノのキーを叩いたような音楽にはならず、無意識のうちに童謡や歌謡曲のような曲調になることが多いと思います。

　これは現代において、ほぼすべての人が幼少の頃から西洋音楽に慣れ親しんでいるので、無意識に現代人の耳には調性音楽（トーナルミュージック、Tonal Music）が自然に感じられるためです。逆に調性音楽のルールから外れた旋律や和音は聴き手に違和感や驚きを与え、それが楽曲の中のアクセントとなる場合もあります。この章では調性音楽の基礎となる、メジャースケール内の各音高の特徴と傾向を説明していきます。

2. 各音の特色

　ここではCメジャーキー、Cメジャースケールを例にとって各音高の特色を見ていきましょう。

図I-2a

　一度の音は主音またはトニック（Tonic）と呼ばれ、CメジャーキーではCにあたります。最も安定感があるとされ、他の度数の音はすべてこのトニックに引き寄せられ

ます。クラシック音楽やポピュラー音楽では、メロディの最後の音がトニックになっている場合がほとんどです。調性感（トーナリティ、Tonality）のある音楽のメロディやハーモニーはトニックを中心に組み立てられています。

　五度の音は属音もしくはドミナント（Dominant）と言い、一般にはトニックの次に安定感のある音だと考えられています。CメジャーキーではGにあたります。トニックほどの強い引力はありませんが、ドミナントで終わるフレーズ（Phrase、メロディの一区切り）は数多く見られます。

　三度の音はトニックとドミナントの中間に位置するため、中音またはミディアント（Mediant）と呼ばれています。また後述の下中音と差別化をはかるため、日本語では上中音と呼ばれることもあります。CメジャーキーではEになります。トニックやドミナントよりも安定感はありませんが、比較的落ち着いた響きになります。

　以上の三つの音高はワンメジャーコード（I、CメジャーキーではCトライアド）の構成音で、その他の音高は、この三音に引き寄せられるという特徴があります。

図Ⅰ-2b

　二度の音は主音の一音（全音）上にあるため、上主音と呼ばれます。英語では"超える"という意味の"スーパー"を使い、スーパートニック（Super Tonic）と呼ばれています。CメジャースケールではDにあたります。スーパートニックはやや不安定で、一音下行してトニック、または一音上行してミディアントに引き寄せられるという傾向にあります。

　六度の音は一度の一音半（全音＋半音）下、五度の全音上にあるため、下中音と言い、英語では"下に潜り込んだ"という意味の"サブ"を用いて（用例：Subway＝地下鉄、Submarine＝潜水艦）、サブミディアント（Submediant）と呼ばれます。一音下行し、より安定なドミナントに引き寄せられるという性質を持っています。また、より不安定な七度に進んだあと、非常に安定したトニックへと引き寄せられる傾向にもあります。

　この二音はやや不安定な響きを持つと考えられています。

図Ⅰ-2c

　四度の音はドミナントの一音下にあるので下属音、もしくはサブドミナント（Subdominant）と呼ばれます。調性内では不安定な響きとされ、半音下がって、より安定したミディアントに解決（Resolve、安定した方向に進むという意）する傾向にあります。半音下行ほど強い解決感はありませんが、全音上のドミナントに引き寄せられる性質もあります。

　七度の音は導音、またはリーディングトーン（Leading Tone）と呼びます。非常に不安定で、半音上のトニックに強く引きつけられるという特徴を持っています。リーディングトーンからトニックへの進行は非常に強い解決感を持っているので、メロディに用いられる場合には、文字通りそのフレーズをトニックに導く（リードする）働きがあります。

　惑星間の引力である重力は距離が近いほど強く働きます。それと同様に四度、七度ともにワンメジャーの構成音である三度や一度と半音の関係にあるため、より安定な音高に解決しようとする強い傾向にあります。

図Ⅰ-2d

　以上がメジャースケール内の各音高の特徴です。しかしながら、これらの特徴は"そのような傾向にある"というだけで、すべての旋律が法則に則って進行していくという訳ではありません。ただこのような法則に従った旋律であれば、調性音楽に慣れ親しんだ現代人の耳には自然に聴こえると考えられています。

練習問題

問11 以下の各キーにおけるトニック、ドミナント及びリーディングトーンをそれぞれ指摘しなさい。

II. 長調での調性内和音の機能

1. メジャースケールの特性音

　音階とは12音の音高の中からいくつかを取り出して並べるものですので、数多くの組み合わせが存在します。その組み合わせの中で多く使われるスケールには名前がついており、最も一般的なものがメジャースケールです。後述の教会旋法（チャーチモード、Church Mode）の理論では、特定のスケールを特徴付ける音高のことを特性音（Characteristic Pitch）と呼びます。各スケールの特性音は理論書や作曲家、時代によってさまざまな解釈の相違がありますが、一般的にはメジャースケールの特性音は第四音、CメジャーキーであればFの音に当たります。

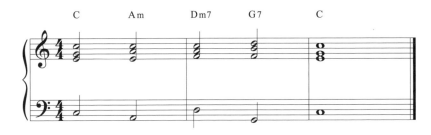

図II-1a

　ではなぜ第四音が特性音として扱われるのでしょうか。図II-1aを見てください。この楽譜は第一編にも出てきたCメジャーキーの代表的なコード進行です。ここでは、この最後のCメジャーコードのトップノート（Top Note、一番高い音）をCメジャースケールの他の音と入れ替えてみましょう。

第二編　長調の和声

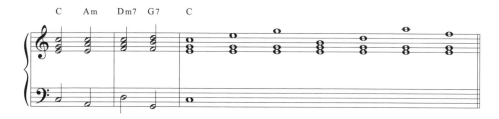

図Ⅱ-1b

　Cメジャーコードの構成音であるC、E、Gは違和感なく、"終わった"という安定感を感じることができると思います。Cメジャーセブンスコードの構成音であるBを加えると多少華やかさが増すものの、これも落ち着いたサウンドになると思います。D、Aの時はどうでしょうか。一般的なポップスやクラシックではあまり聞き慣れない響きとなり、トップノートがCの時に比べて、やや期待を裏切られた感じがするものの、最後のコードとして解決した感じが得られると思います。AはCトライアドと置換可能なAm7やC6コードの一部（コードの置換に関しての解説は後述）であり、Dも後述のアヴェイラブルテンション（Available Tension）と見なされるからです。

　それではトップノートがFの場合はどうでしょうか。最後のコードにFが含まれていると、スッキリと終わらない、もしくは和音が間違っていると感じられるかと思います。このようにFを和音構成音（コードトーン、Chord Tone）に持っていると、最後のCメジャーコードの持っている"最後に落ち着けるコード"としての機能が変わってしまうということが分かります。これはCメジャーコードの構成音であるEとFがオクターブ＋半音の短九度（フラットナイン、Flat Nine、♭9）の関係にあるからと考えられていて、このようにスケール内で注意が必要な音を回避音、より一般的にはアヴォイドノート（Avoid Note）と呼びます。Cメジャースケールでは、特性音が回避音であるFとなります。

　ただし他のスケールにおいては、必ずしも回避音となる理由が特定の音高とフラットナインを作る訳ではなく、特性音＝回避音になるとは限りません。各スケールによって特性音、回避音の理由は異なりますので注意が必要です。この点に関しては第十編で詳しく説明していきます。

2. トニックファンクション

　和音はメジャーセブンスやドミナントセブンスのような和音の"種類"の他に、調性内の度数と和音の種類から決定される和音の"機能"（ファンクション、Function）でも分類することができます。ここではCメジャーを例に第一編で学んだ調性内和音がどのような機能を持つのかを説明していきます。
　まずはトニック機能（トニックファンクション、Tonic Function）を持つコードの説明をしていきます。トニック機能を持つコードは安定感があり、落ち着いたサウンドを持っています。曲の冒頭や最後に用いられる和音のほとんどはこのトニック機能を持つコードです。

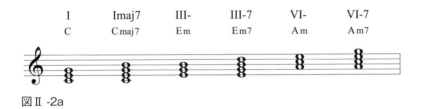

図Ⅱ-2a

　調性内では図Ⅱ-2aに示される通りⅠ、Ⅰmaj7、Ⅲ-、Ⅲ-7、Ⅵ-、Ⅵ-7となります。他にもⅠ6はⅥ-7の第一転回形とも考えられるため、Ⅰ6もトニック機能を持つコードとして使われることがしばしばあります。

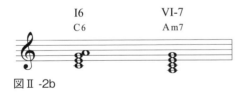

図Ⅱ-2b

　調性内のトニック機能を持つコードの定義はメジャーキーの特性音である"第四音を構成音として含まないコード"です。Cメジャーキーにおいては、Fを含まないコードとなります。ただⅤ（CメジャースケールにおけるGトライアド）は後述のドミナントファンクションを持つコードとして分類されるため、この限りではありません。

3. ドミナントファンクション

　調性内のコード進行において、五度から一度へのルートの動きが最も自然で、最も強い解決感が得られると考えられています。このルートの動きを強進行、またはドミナントモーション（Dominant Motion）と言い、図Ⅱ-3aのようにVからIへの和声が進行する場合、VがIに対して"ドミナントモーションをかける"と言います。

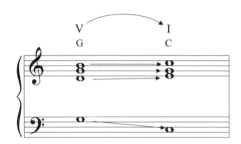

図Ⅱ-3a

　Vは主音へと半音上がって解決しようとする不安定なリーディングトーン（キーがCメジャーの場合はB）を持っています。Vが持つこの特性をドミナント機能（ドミナントファンクション、Dominant Function）と言います。図Ⅱ-3bのように、Cメジャーキーの調性内和音ではGとG7がドミナント機能を持っています。

図Ⅱ-3b

　またG7は半音下に解決しようとするサブドミナントFを持っていて、半音上に解決しようとするリーディングトーンのBとトライトーンの関係にあります。このV7に含まれるFとBはCメジャーコードへの進行でそれぞれEとCへ解決します。このような半音程または全音程での動きを順次進行（コンジャンクトモーション、Conjunct Motion）といいます。ドミナントモーションでは各和音構成音がスムーズに順次進行をして、不安定なトライトーンが三度の和音に解決するため、図Ⅱ-3cのように

V7→Iの進行ではV→Iよりも強いドミナントモーションを得ることができます（図Ⅱ-3cではIコードの第三音である完全五度のGについては省略されています）。

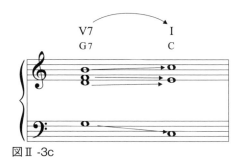

図Ⅱ-3c

またVII°とVII-7 (♭5)、CメジャーキーではB°とBm7 (♭5)はG7同様にBとFの不安定なトライトーンを構成音に持っています。そのためクラシックではほとんどの場合はG7のルート省略形と考えられ、ドミナント機能を持つコードとして扱われます。しかしながら五度から一度への強いルートの動きがないため、ジャズやポピュラー音楽の中ではドミナント機能を持たないコードとして扱われることも多く、理論書や作曲家によって解釈の相違があります。

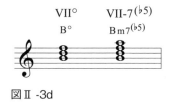

図Ⅱ-3d

4. サブドミナントファンクション

　トニック、ドミナント機能を持つコードに分類されなかったダイアトニックコードにはII-、II-7、IV、IVmaj7があります。これらのコードには"メジャーキーの特性音を持ち、コードトーンに導音を含まない"という特徴があり、サブドミナント機能（サブドミナントファンクション、Subdominant Function）を持つコードと呼ばれます。サブドミナント機能を持つコードはトニック機能を持つコードのように落ち着い

た感じはせず、トニックへの進行においてもドミナント機能を持つコードほど強い解決感を得られませんが、和声進行のバリエーションのためには欠かせないコードとなっています。

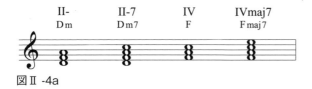

図Ⅱ-4a

練習問題

問12 例のように、以下の楽譜の各和音をコードシンボルで表し、各メジャーキーにおけるその和音のコードファンクションを指摘しなさい。

例：トニック　　　　ドミナント　　　サブドミナント
E♭maj7　　　　　　B♭7　　　　　　Fm7

III. 終止

1. 終止法

　調性内コードの進行には必ず従わなければならない法則はありませんが、どのようなコード進行でどのようなサウンドが得られるかを理解しておくと作編曲や即興演奏の際に非常に便利です。音楽理論の枠組みでは聴き手にコードの解決やフレーズの区切りを感じさせるコード進行のことを終止、またはラテン語の"落ちる"や"死ぬ"という意味の言葉を語源に持つケーデンス（Cadence）と呼びます。ここでは西洋音楽の中で代表的ないくつかの終止法を学んでいきましょう。

2. 正格終止

　V→IやV7→Imaj7のようにドミナント機能を持つコードからトニック機能を持つコードでフレーズが終わる際の終止法をドミナント終止、またはドミナントケーデンス（Dominant Cadence）と言います。他にも正格終止、オーセンティックケーデンス（Authentic Cadence）、クローズドケーデンス（Closed Cadence）やスタンダードケーデンス（Standard Cadence）などの呼び名があり、終止法の中では最も多用され、なおかつ非常に強い解決感を持っています。

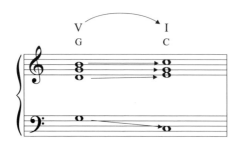

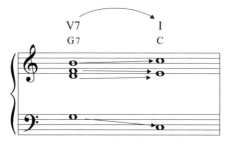

図Ⅲ-2a

　クラシック音楽理論のようにVII°やVII-7 $^{(\flat 5)}$ がドミナント機能を持っていると判断されている場合は、VII°→IやVII-7 $^{(\flat 5)}$ →Iといった進行もドミナントケーデンスとみなされます。本書のアナライズでは図Ⅲ-2aのように矢印（Arrow）を用いることにします。

　さらに図Ⅲ-2bの前半のように、ドミナントケーデンスの際にIのメロディやコードの最上音（トップノート、Top Note）がトニックである場合を完全正格終止、もしくはパーフェクトオーセンティックケーデンス（Perfect Authentic Cadence）と言い、P.A.C.と表記されます。また図Ⅲ-2bの後半のようにIのメロディやコードの最上音にトニック以外の音高が使用されていたり、Iに先行するVやV7が転回形であったりする場合など、完全正格終止ではないドミナントケーデンスは不完全正格終止、またはインパーフェクトオーセンティックケーデンス（Imperfect Authentic Cadence）と呼ばれ、I.A.C.と表記されます。これらの呼称と表記は主にクラシック音楽のアナライズで用いられます。

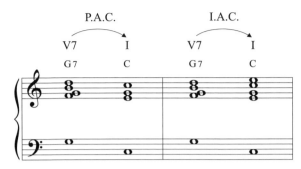

図Ⅲ-2b

またドミナント機能を持つコードの直前にサブドミナントコードが置かれて、SD→D→T（サブドミナント→ドミナント→トニック）の進行による終止が用いられることが多くあります。これはドミナントモーションの直前にサブドミナント機能を持つコードをワンクッション入れることによって、耳に馴染むスムーズな進行が得られるためです。図Ⅲ-2cのようなIV→V→I進行はポップスやクラシックで数多く聴かれます。

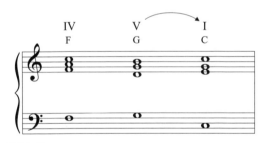

図Ⅲ-2c

また図Ⅲ-2dのようなII-7→V7→I進行のような進行はジャズスタンダードでは欠かせない、非常に重要なコード進行と考えられていて、ツーファイブワン（Two Five One）と呼ばれています。

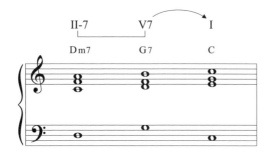

図Ⅲ-2d

　Ⅱ-7→V7のみを取り出してツーファイブ（Two Five）と呼ばれることもあり、図Ⅲ-2dのように大括弧（ブラケット、Bracket）を用いてアナライズされます。なお、両者の違いを明確にするため、稀にⅣ→V→Ⅰ進行をトラディショナルフルケーデンス（Traditional Full Cadence）、Ⅱ-7→V7→Ⅰ進行をコンテンポラリーフルケーデンス（Contemporary Full Cadence）、あるいはジャズフルケーデンス（Jazz Full Cadence）と呼ぶこともあります。

3. 変格終止

　Ⅳ→Ⅰ、コードの機能で考えるとSD→T（サブドミナント→トニック）で進行する終止法をサブドミナント終止、もしくはサブドミナントケーデンス（Subdominant Cadence）と言います。サブドミナントケーデンスではドミナントモーションがなく、またサブドミナントの機能を持つコードにはリーディングトーンが含まれていないので、ドミナントケーデンスほどの強い解決感は得られません。

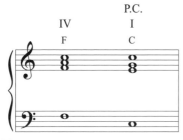

図Ⅲ-3a

このサブドミナントケーデンスは日本語では変終止、変格終止とも呼ばれます。クラシックの世界では一般にプレイガルケーデンス（Plagal CadenceもしくはP.C.）と言われますが、この進行は賛美歌の"アーメン"という歌詞に合わせて用いられることからアーメンケーデンス（Amen Cadence）と呼ばれることもあります。

4. 半終止

フレーズや音楽の区切れの最後がVもしくはV7のようなドミナントの機能を持つコードで締めくくる終止法をハーフケーデンス（Half Cadence, H.C.）、または半終止と呼びます。

図Ⅲ-4a

今までの終止法は最後のコードがトニックでしたが、ハーフケーデンスではドミナントですので、曲が終わった感じはまったく得られず、トニックコードで始まる次のフレーズを導くという特徴を持っています。半終止の直前に置かれる和音にはⅡ、Ⅳ、Ⅰや後述のV/Vなどが用いられることが多く、どんなコードが先行してもドミナント機能を持つコードで終わっていれば半終止として扱われます。クラシックのアナライズにおいてはH.C.の記号が多く使われます。

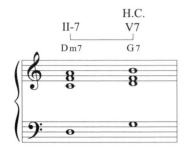

図Ⅲ-4b

5. 偽終止

　前述の終止法とは若干性格が異なるものの、他にもディセプティブケーデンス（Deceptive Cadence）あるいは偽終止と呼ばれる終止法があります。これはVやV7などのドミナント機能を持つコードから、トニックであるIへ進行しない終始法です。聴き手にドミナントケーデンスが起きることを期待させておいて、実際にはトニックへと解決せずに聴衆を欺く進行であることからこう呼ばれています。調性内の偽終止の場合はII-やIVの第一転回形、VI-などへ進行することが多く、アナライズする場合には図Ⅲ-5aのように偽終止の際のドミナントコードに括弧（Parenthesis）を付けます。

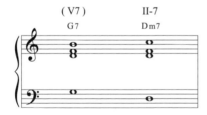

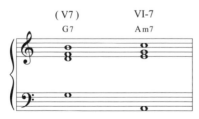

図Ⅲ-5a

練習問題

問13 例に従い、以下の各キーにおけるツーファイブワンのコード進行を作成しなさい。

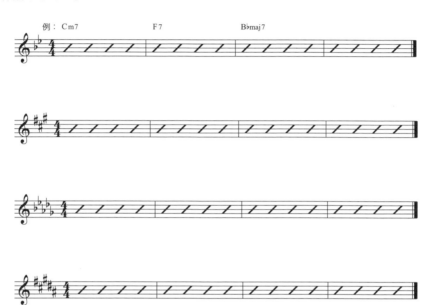

Ⅳ. アナライズの例

1. コードアナライズ

ここで図Ⅳ-1aの小曲を例に、今までのおさらいをしていきましょう。

図Ⅳ-1a

　この楽譜はメロディとコード進行のみが記載されているリードシート（Lead Sheet）と呼ばれるタイプの非常に簡略化された楽譜で、おもにジャズやポピュラーミュージックで使われます。リードシートの演奏者には、この楽譜を読み取って伴奏を作ったり、即興演奏の際にはコード進行から新たなメロディを作ったりする能力が求められます。

　まずはこの楽譜から読み取れるのは調です。♯も♭もついていないので、Cメジャーキー、あるいはAマイナーキーであるということが分かります。この曲の最初と最後のコードはCメジャーコード、最後の音はCであるので、この曲の調はCであると言えるでしょう。

　主音がCと分かったのなら、次はルートの度数と和音のタイプからコードのアナライズを行っていきましょう。ルートのトニックに対する音程、それからコードの種類からローマ数字と記号を各コードの上に記入していきます。するとドミナントモーションとツーファイブが見つかるので、大括弧と矢印の記号を書き込むと図Ⅳ-1bのようにアナライズができます。

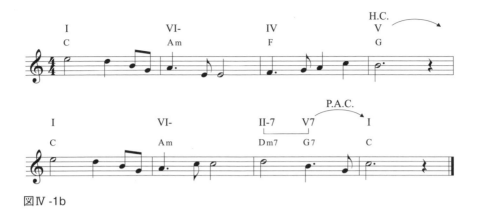

図Ⅳ-1b

2. 機能別分類と終止法

　アナライズができたのなら、今度は第二編のⅡ章を参考に機能別にコードを分類していきましょう。第一小節、第五小節、そして最終小節のⅠ、それから第二小節、第六小節のⅥ-はトニック（T）、第三小節のⅣと第七小節前半のⅡ-7はサブドミナント（SD）、第四小節のⅤと第七小節後半のⅤ7はドミナント（D）の計三種類の機能別にコードを分類できます。

　次に終止法について考えていきましょう。ケーデンスを見つけるにはフレーズの区切りが分からないとなりません。まずは実際にこの曲を弾いてみましょう。すると第四小節と第五小節の間で一端音楽が区切れるのが分かり、新しいフレーズが始まると感じられないでしょうか。四小節目のメロディに着目してみて下さい。この小節のメロディは付点二分音符と四分休符のみで、リズム的にも音程的にも動きが少なく、緩急の緩の役割を果たしています。また五小節目と六小節目の前半はコード、メロディともに最初の小節とまったく同じ繰り返し（リピート、Repeat）であることが分かります。この冒頭の再現は、聴き手に新たな音楽的な区切りの始まりを感じさせる役割をしています。

　例えば童謡「ちょうちょう」の前半部分はよく似たふたつのフレーズで構成されていて、音楽的な区切りが非常に明確になっています。このように音楽的な区切りがふたつの明確なフレーズによってできている場合、最初のフレーズを前半楽節、またはアンティシデント（Antecedent、先行するという意味）、次のフレーズを後半楽節、あるいはコンセクエント（Concequent、結果という意味）と言います。この小曲で

65

あれば、前半第一小節〜第四小節がアンティシデント、後半第五小節〜第八小節がコンセクエントに当たります。

　フレーズの区切りが分かったところで、それぞれフレーズの最後にどんなケーデンスが用いられているかを見ていきましょう。アンティシデントの最後はドミナントの機能を持つコードで締めくくられています。よって、この前半のフレーズにはⅢ章-4で学んだハーフケーデンスが使われていることが分かります。また、コンセクエントはドミナントモーションで締めくくられているので、Ⅲ章-2で出てきたドミナントケーデンスであるということが分かります。ケーデンス内のIのメロディがトニックであるのでパーフェクトオーセンティックケーデンスとも言えて、またV7の前にII-7が先行しているので、ジャズフルケーデンスとも呼ぶことができます。

　加えて、四小節目から五小節目にかけてはドミナントモーションが発生しているのでコード進行上は正格終止と同一ですが、四小節目がフレーズの切れ目となっているので、四小節目から五小節目が正格終止とはならないことを補足しておきます。

練習問題

問14 以下の和声進行のアナライズを行いなさい。

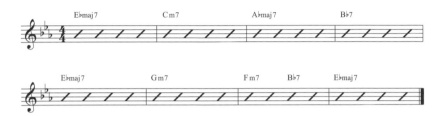

V. 和音の置換

1. 三和音から四和音への置換

　ある楽曲に対してメロディやリズムは変えずに、別のコード進行を当てはめることを和音の置換、またはリハーモナイゼーション（Reharmonization）と言います。このリハーモナイゼーションは作曲や即興演奏、特に編曲等で非常に役に立つテクニックですので、ぜひ身につけたいところです。

　前章で小曲IV-1aがどのようなコード進行やケーデンスによって組み立てられているかが分かりましたので、次はこの楽曲に対して調性内でどのようなリハーモナイゼーションが考えられるか勉強していきましょう。

　まずは三和音の代わりに四和音を使用する場合を考えてみます。小曲IV-1aに対して四和音のリハーモナイズを行ったものが図V-1aの楽譜です。

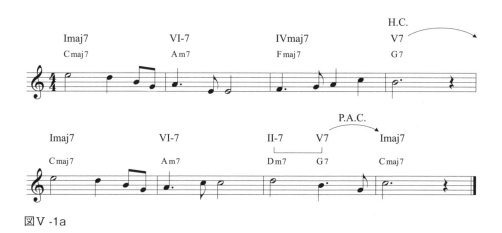

図V-1a

　実際にこの楽譜を弾いてみましょう。それぞれのコードのルートと機能が変わっていないので、IV-1aに比べて劇的な変化は感じられませんが、四和音が増えたため各和音に厚みが増し、より現代的な響きに聴こえると思います。

ここで注意しなくてはならないのは短九度、♭9の音程です。先程の楽譜で第三小節と第八小節に違和感を覚えた人もいると思います。三小節目ではメロディにFが使われています。メロディは伴奏であるコードよりも高い音域で演奏されることが多いので、第三小節ではFmaj7のコードトーンのEとメロディのFが♭9の音程を作ってしまいます。♭9の音程は非常に強い不協和音（Dissonance）を作り出すため、調性内の和声進行ではコードの機能が正常に働かなかったり、もしくは間違った音を弾いているように聴こえたりします。そのため不協和音の効果を狙う場合やオルタードテンションなどの一部例外を除いては、非実用的であると考えられています。この点については後述のテンションとコードスケールの編で詳しく解説します。

　maj7コードとメロディで生じる♭9の音程を避けるためにはいくつかの対処法があります。第一に♭9を作ってしまうメロディではmaj7を使わずに、あえて三和音を使うという方法が考えられます。非常に有効かつ簡単な対処法ですが、四和音の持つ広がりは失われてしまいます。そのためImaj7やIVmaj7コードの代わりにI6やIV6コードが代理として使われることもしばしばあります。四和音のmaj7コードを6コードで置換した場合のリードシートは図V-1bのようになります。

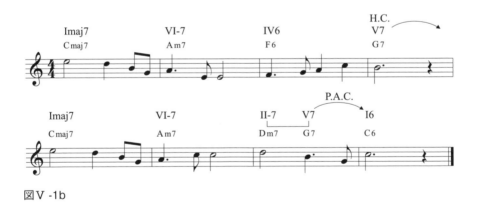

図V-1b

　I6はVI-7の、IV6はII-7の第一転回形と考えることもでき、その場合もVI-7はトニック、II-7はサブドミナントとそれぞれのコードの機能は保ったままです。他にも代理コードとしては、I6に後述のテンション9を加えたシックスナインス（Six Ninth）コードが用いられることも多くあります。

　また伴奏に用いられるコードトーンをメロディよりも高く演奏する場合には問題あ

りません。伴奏の音域を指定する方法はオーケストレーション（Orchestration、オーケストラの編曲）やビッグバンドの編曲には非常に有効ですが、ジャズの演奏など、リードシートから伴奏を即興で作る場合には不向きです。

　他にもメロディの変更が考えられます。例えば三小節目のFをEに、八小節目のCをBに変えてしまえばコードトーンとメロディとの♭9音程を避けることができますが、この場合はメロディ自体の変更を伴うので、編曲やリハーモナイズというよりも、曲そのものが変わってしまった印象を受けてしまいます。

2.　和音の機能を保ったままの置換

　次にコードの機能を保ったままの置換法を考えていきましょう。コードファンクションを維持したままのリハーモナイズの一例が図V-2aです。

図V-2a

　このリハーモナイズでは、最終小節でドミナントからVI-7で終わる偽終止となっているので、やや暗い終わり方をしています。各コードのルートが変更されたので多少印象の違う響きに聴こえるかも知れませんが、同じ曲であるという認識に変わりはないと思います。このようにコードの機能を保ったリハーモナイズは音楽の流れに著しく影響を与えることなくサウンドの変化を得ることができるので、編曲において非常に有効なテクニックであると言えるでしょう。

　今回のリハーモナイズで特徴的なのはG7sus4の存在です。V7sus4はトライトーンを含んでいないため、V7ほど強い解決感は得られませんがドミナントコードとしてIに対してV7sus4→Iのドミナントモーションをかけることができます。また、サ

ブドミナント機能を持つコードとしての定義である"スケールの特性音を含み、導音を含まない"にも合致しますので、今回のようにSD→D→Tの一連の流れにも組み込むこともできます。またG7sus4とG7のコードトーンの違いはCとBのみですので、V7sus4→V7の進行では非常にスムーズなボイスリーディングが得られます。

　なぜ、7sus4コードはこのようにドミナントともサブドミナントとも取れる性質を持っているのでしょうか。G7sus4の構成音はG、C、D、Fとなります。ルートであるGを除く上三声はD-7の五度を省略した和音構成であることが分かります。つまりV7sus4のルートはドミナントですが、同時にII-7の持つサブドミナントとしての機能も兼ね備えているのです。このように7sus4コードの使用によって、三和音の積み重ねでは得られないスパイスを楽曲に加えることができます。

3. 和音の機能を変えた置換

　最後にメロディは保ったままで、コードの機能を変える場合のリハーモナイズを考えていきましょう。図Ⅴ-3aに一例を挙げてみます。

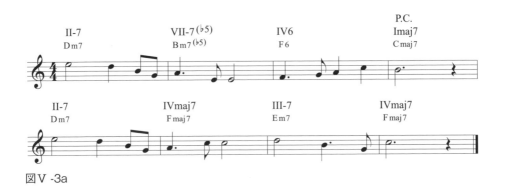

図Ⅴ-3a

　このアレンジではサブドミナントファンクションを持つII-7コードからスタートするため、やや不安定な響きですが、それが楽曲に緊張感を与えているとも考えられます。またドミナントケーデンスはなく、代わりに三小節から四小節にかけてIV6→Imaj7のサブドミナントケーデンスが発生しています。最後のコードはトニックではなくサブドミントファンクションを持つIVmaj7で終わっているため、不安定な終わり方、もしくはまだ曲が続くのではないかと聴き手に期待をさせる終わり方と

なっています。

　このようにコードの機能まで変えたリハーモナイズだと、メロディは同じでも別の曲に聴こえるような劇的な変化を与えることができます。ただメロディと上手く噛み合わないことが多いので、このリハーモナイズ方法は前述したふたつのやり方に比べて特別に注意が必要です。

練習問題

問15 以下の和声進行についてコードファンクションを保持したまま、以下の条件に従ってリハーモナイズを行い、リハーモナイズ前後の響きの違いを確認しなさい。

A. トニックファンクションを持つコードについては、Imaj7はIII-7に、III-7はVI-7に、VI-7はImaj7へそれぞれリハーモナイズすること。

B. サブドミナントファンクションを持つコードについては、II-7はIVmaj7に、IVmaj7はII-7へそれぞれリハーモナイズをすること。

C. ドミナントファンクションを持つコードについてはリハーモナイズを行わないこと。

第三編

短調の和声

I. 自然短音階

1. 長調、短調の関係

　調性音楽の理論において、短音階（マイナースケール、Minor Scale）を基礎とする短調（マイナーキー、Key of Minor）は長音階を基礎とする長調と対を成して基本的な調と位置付けられています。第一編で学んだ通り、短音階は基準となる音から"全音＋半音＋全音＋全音＋半音＋全音＋全音"の積み重ねでできている音階で、この音階を元に作られる音楽が短調の音楽です。また短音階は長音階と同じ構成音を持ち、六度上を基準に始まる音階でもあります。

　第二編ではCメジャースケールを基本に説明をしてきたので、より分かりやすい対比のため、この章ではCマイナースケールで考えていきたいと思います。このCメジャーキーとCマイナーキーの関係をパラレルキー（Parallel Key）と言い、直訳すると平行調となりますが、日本語で平行調と言う場合はレラティブキーのことを指す場合もあるので注意が必要です。本書では誤解を避けるため、パラレルという言葉を使っていきます。Cマイナーキーの調号は♭が3つで、レラティブメジャーキーはE♭メジャーとなります（第一編参照）。

2. 各音の特色

　短音階には三種類あるのですが、この"全音＋半音＋全音＋全音＋半音＋全音＋全音"で得られる短音階は臨時記号を付けずに表せるので、特に自然短音階や自然的短音階、またはナチュラルマイナースケール（Natural Minor Scale）と言います。この自然短音階にも長音階の時と同じように各音高にはそれぞれ特色と傾向があります。

図Ⅰ-2a

　名称と傾向は長音階の時と非常に良く似ています。長音階同様、自然短音階内でも安定感の強い順にトニック、ドミナント、ミディアントとなります。スーパートニックはトニックもしくはミディアントへ、サブドミナントはミディアントかドミナントへと移行する傾向にあります。サブミディアントは半音の関係にあるドミナントへ強く引きつけられますが、二音上がってトニックへ向かう性質もあります。

　自然短音階の中で七度の音はトニックと半音ではなく全音の関係にあります。そのため長音階内での七度ほどはトニックへ強く引きつけられません。そのためリーディングトーンと差別化を図るため、下主音（サブトニック、Subtonic）や自然導音（ナチュラルリーディングトーン、Natural Leading Tone）と呼ばれます。

3.　自然短音階で得られる調性内和声

　自然短音階で得られるダイアトニックコードはトライアド、セブンスコードを合わせて次ページの図Ⅰ-3aのようになります。これはメジャートライアドコードの基準が六度上に、もしくは三度下に移行したものです。それではそれぞれのコードがどのように機能別に分けられるか見ていきましょう。

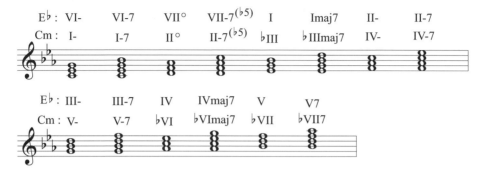

図Ⅰ-3a

　まずはトニックコードです。I-、I-7や♭III、♭IIImaj7がトニック機能を持つコードとなります。

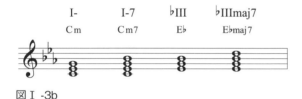

図Ⅰ-3b

　レラティブメジャーキー（CマイナーキーであればE♭メジャーキー、AマイナーキーではCメジャーキー）ではそれぞれVI-、VI-7とI、Imaj7にあたります。マイナーキーでのトニックコードは特にトニックマイナーと呼ばれ、メジャーキーでのトニックコード同様、安定したサウンドが特徴です。

　メジャーキーではIII-とIII-7はトニックでしたが、レラティブマイナーキーでメジャーキーのIII-、III-7に相当するV-とV-7（CマイナーキーではG-とG-7）はトニックとして考えられていません。これはV-とV-7はマイナーキーの特性を決定付ける短三度（♭3、CマイナーキーではE♭）の音を含んでおらず、またコードトーンに含まれる五度（G-、G-7ではD）は♭3を含むメロディと前述の♭9を作ってしまうためです。

　メジャーキーでのサブドミナントコードは特性音である完全四度を構成音に含むコードのことでした。メジャーキーの完全四度はレラティブマイナーキーの短六度に相当し、ナチュラルマイナースケールでも特性音として扱われます。この特性音をルー

ト、三度もしくは五度に持ち、リーディングトーンを構成音に含まないコード、II°とII-7(♭5)、IV-とIV-7、♭VIと♭VImaj7はサブドミナントマイナー機能を持つコードと呼ばれ、メジャーキーのサブドミナントコード同様、やや不安定な響きを持っています。

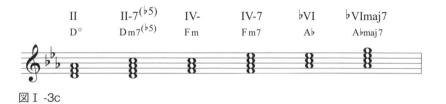

図I -3c

メジャーキーにおいてVとV7はドミナント機能を持つコードとして扱われていましたが、これらに相当するレラティブマイナーキーでの♭VIIと♭VII7（Cマイナーキーでは B♭とB♭7）は違った働きをします。V7コードの特徴はIへのドミナントケーデンスですが、♭VIIと♭VII7の場合もレラティブメジャーのIに相当する♭IIIへのドミナントモーションはさまざまな楽曲で見受けられます。この場合もドミナントモーション特有の強い解決感があるので、アナライズの場合は矢印を使います（一般的には♭VII→♭IIIは第五編で学ぶセカンダリードミナントと解釈されます）。また♭VII、♭VII7ともにI-、I-7へと進行する場合もしばしばあります。これはメジャーキーでのV7→VI-の偽終止に相当する進行ですが、マイナーキーでは♭VIIが♭IIIへのドミナントモーションを強く期待させるものではないので、♭VII→I-の進行は偽終止として扱わない場合が多くあります。

この♭VII7のようなコードは、ドミナント機能を持たないドミナントコード（Non-dominant Functioning Dominant）と呼ばれます。またナチュラルマイナーのダイアトニックコードでサブトニックを三度かルートに持つコードであるV-、V-7、♭VII、♭VII7のことを総称してドミナントマイナーと呼ぶこともあります。

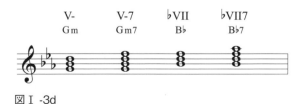

図I -3d

練習問題

問16 各メジャースケールと対応するレラティブマイナースケールを記入し、以下の表を完成させなさい。

♯の数	1	2	3	4	5	6
メジャー	G	D	A	E	B	F♯
マイナー	E					
♭の数	1	2	3	4	5	6
メジャー	F	B♭	E♭	A♭	D♭	G♭
マイナー	D					

問17 例に従い、以下の各ダイアトニックコードのコードネームを指摘し、与えられた調性内でのコードアナライズを行いなさい。ただしキーはすべてマイナーとする。

例：V-7
F♯m7

Ⅱ. 和声的短音階

1. 七度の矯正

　ナチュラルマイナースケールにはリーディングトーンが含まれていないため、I-への解決感はメジャーキーよりも弱く、またダイアトニックコードにVやV7を含んでいないので、強い終止感を生み出すI-へのドミナントケーデンスは作れません。そのためルネサンス期の作曲家たちはマイナースケールを矯正することによって和声進行上でI-への強い解決感を生み出そうとしました。

　和声的短音階（ハーモニックマイナースケール、Harmonic Minor）はナチュラルマイナースケールの七度を半音上げてマイナースケールにリーディングトーンを導入したもので、図Ⅱ-1aのようになります。

図Ⅱ-1a

　リーディングトーンはメジャーキー同様強くトニックに引き寄せられる傾向にあります。リーディングトーン以外の各音の特性と傾向に大きな変化はありませんが、サブミディアントとリーディングトーンが増二度音程となるため、サブミディアントはより近くにあるドミナントに引きつけられる傾向が強くなります。

図Ⅱ-1b

こうして七度の矯正を行って作られる、マイナーキーの場合のツーファイブワンは図Ⅱ-1cのようになります。

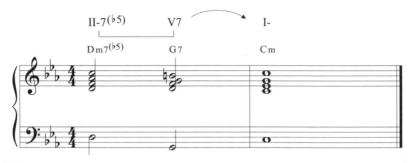

図Ⅱ-1c

また-7(♭5) コードを含むツーファイブはメジャーキーでもツーファイブのバリエーションとして使われることがあります。ツーファイブとマイナーキーでのツーファイブの響きの違いを覚えておくと、アレンジなどでも多いに役立つはずです。

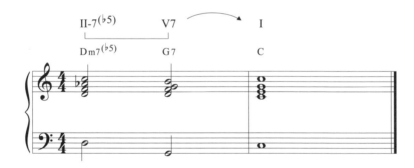

図Ⅱ-1d

2. 和声的短音階の調性内和音

ハーモニックマイナースケールでは構成音に七度を含むダイアトニックコードの場合、ナチュラルマイナースケールのダイアトニックコードとはコードタイプが変わります。ハーモニックマイナースケールのダイアトニックコードは図Ⅱ-2aのようにな

ります。

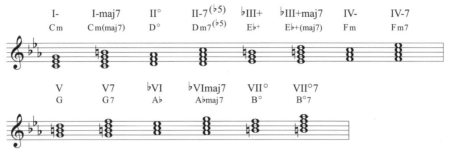

図II-2a

　I-maj7はマイナーメジャーセブンスと呼ばれるコードタイプで、I-△7やImMaj7などとも表記されます。I-maj7はI-7同様トニックコードとして機能します。マイナーキーのジャズに頻出のコードで、またポップスでもエンディングで使われることが多いコードです。長七度音程を含むためトニックと♭9を生じる可能性があり、メジャーキーでのImaj7やIVmaj7同様、メロディとの兼ね合いに注意が必要です。

　♭III+maj7もトニック機能を持つコードで、オーギュメンティッドメジャーセブンスと呼ばれます。他の表記として♭IIIaug△7や♭III+△7などがあります。構成音からI-maj7に非常に近いサウンドで、後述のテンションの項目で説明するI-maj7 (9)の根音省略形とも考えられます。このコードもまた♭9音程に注意を払う必要があります。

　V7はメジャーキーでのV7と同じくドミナント機能を持っており、I-へ進行するドミナントケーデンスを作ることができます。ドミナントケーデンスの直前にサブドミナントマイナーを伴うケースが多く、特にII-7 (♭5)→V7→I-（またはI-7やI-maj7）の進行はマイナーツーファイブワン（Minor Two Five One）と呼ばれ、メジャーキーでのツーファイブワン同様、ジャズの楽曲において非常によく見られるパターンです。メジャーツーファイブの時と同じく大括弧と矢印を使ってアナライズします。

　VII°7は第一編でも登場したディミニッシュトセブンスコードです。VII°7は第四編で登場するV7 (♭9)の根音省略形とも考えられるため、I-への進行で強い解決感を作り出します。

練習問題

問18 調号と臨時記号を用い、以下のスケールを五線上に記入しなさい。

Bハーモニックマイナースケール

E♭ハーモニックマイナースケール

C♯ハーモニックマイナースケール

III. 旋律的短音階

1. 六度の矯正

　ハーモニックマイナースケールでは七度を半音上げることでリーディングトーンを作り出し、I-への強い解決感を確立しましたが、そのために六度と七度の音程は半音3つ分の増二度音程となってしまいます。スケール内に含まれるこの増二度音程は不自然な跳躍感を想起させ、また歌手にとっては非常に歌いづらいとされています。この問題を解決するため導入されたのが、ハーモニックマイナーをよりメロディックになるよう矯正した旋律的短音階（メロディックマイナースケール、Melodic Minor Scale）です。

図Ⅲ-1a

　メロディックマイナースケールは図Ⅲ-1aのように、ハーモニックマイナースケールの六度を半音上げ、七度との増二度音程を解消したものです。そのためメロディックマイナースケールは和声的にI-への強い進行感を出すことができる上に、自然な旋律を奏でることができるとされています。

　ただしパラレルメジャースケールとは三度の音程以外に相違点がなく、メジャースケール同様長六度、長七度を有するために、短調感が希薄になるという弱点があります。そのためバロック期や古典期のクラシック音楽ではメロディが一度に解決する上行（Ascending）の時のみ使用され、下行（Descending）の際には自然的短音階が使われるのが通例となっていました。

図Ⅲ-1b

　各音の特色としてはハーモニックマイナーと比べてサブミディアントである六度の音が強く七度→一度へ進むという傾向にありますが、それ以外にはハーモニックマイナーと大きな違いはありません。

2. 旋律的短音階の調性内和音

　メロディックマイナースケールから得られるダイアトニックコードは、図Ⅲ-2aのようになります。二度、四度、六度をルートに持つダイアトニックコードと七度をルートに持つダイアトニックセブンスコードは、ハーモニックマイナーの場合とは若干違うコードタイプとなります。

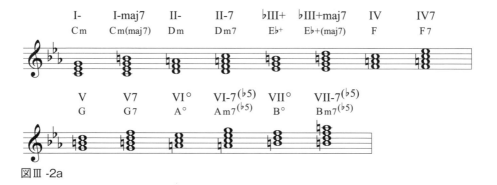

図Ⅲ-2a

　二度をルートに持つコードはメジャーキーの場合と同じく、サブドミナント機能を持つII-7となります。II-7→V7→I-という進行も時折見かけられますが、II-7→V7進行はメジャーキーでのダイアトニックコードと等しくなるため、メロディックマイナースケールでのツーファイブ（II-7→V7）は、ハーモニックマイナーの場合のマイナーツーファイブ（II-7(♭5)→V7）程強いトニックマイナーへの進行感は得られません。

　四度をルートに持つダイアトニックコードIV7は♭VII7同様、ドミナント機能を持たないドミナントコードと考えられています。IV7は後述のブルースやドリアンモー

ドのコード進行には欠かせないコードであるので、詳しい説明は後の編で改めて行うことにします。

　VI-7 $^{(\flat5)}$ はI-6の第三転回形と考えられることができ、トニックの役割を果たします。メジャースケールを想起させる長六度音程を含むため、I-6が単独でトニックとして使われる場合はI-7やI-maj7に比べて調性感がやや希薄です。しかしながらラインクリシェ（Line Cliché、コードトーンの1音のみが順次進行し、他のコード構成音を保ったままコード進行に変化を持たせるテクニック）で効果的な役割を担うこともあります。

　またメジャーキー同様、VII-7 $^{(\flat5)}$ が七度をルートに持つダイアトニックコードとして登場します。このように他のマイナースケールと比べてメロディックマイナースケールにはメジャースケールとの共通点が多く見られます。

練習問題

問19 調号と臨時記号を用い、以下のスケールを五線上に記入しなさい。

Fメロディックマイナースケール

G♯メロディックマイナースケール

B♭メロディックマイナースケール

Ⅳ. 短調の曲例

1. 短調の楽曲分析例一

　この編ではおもに短調の和声を勉強してきましたが、今回はジャズスタンダードで頻出するコード進行を元に作成したオリジナル楽曲を用いておさらいをしましょう。

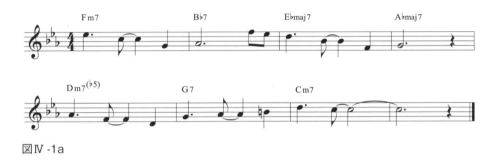

図Ⅳ-1a

　図Ⅳ-1aの楽譜の調号は♭が3つなので、この楽曲はE♭メジャーキーかCマイナーキーです。この曲の最後のコードはCm7、最後の音はCですので、Cがトニックであるということが予想できます。キーが分かったので楽譜に各コードのルートの度数とコードタイプを書き込み、アナライズを行ったのが、次ページの図Ⅳ-1bになります。

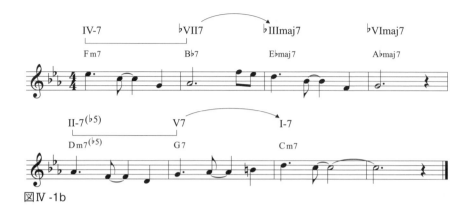

図Ⅳ-1b

まずは第一小節から第三小節にかけてのIV-7→♭VII7→♭IIImaj7進行を見ていきましょう。最初の三小節のみを一聴すると、この曲はメジャーキーのように感じられます。この進行をレラティブメジャーであるE♭メジャーキーで考えるとII-7→V7→Imaj7に相当しますので、ここではE♭maj7に対する強い解決感が生じているためです。ここではメジャー同様、大括弧と矢印を用いてツーファイブワンであると書き込むことができます（ただし一般に♭VII7→♭IIImaj7の進行は第五編で学ぶセカンダリードミナントと解釈されます）。

次に第五小節から第八小節の進行を考えていきましょう。ここではマイナーツーファイブが作られていて、ハーモニックマイナースケールが採用されています。これをメロディックマイナースケールに矯正したものが図Ⅳ-1cです。増二度独特の跳躍感はなくなり、パラレルメジャースケールに接近したサウンドとなります。

図Ⅳ-1c

この曲のようにレラティブメジャーキーとレラティブマイナーキーを行き来するコード進行はジャンル問わず多く見受けられます。こういった部分的な転調を含む曲はアナライズの際のキー選択するに躊躇してしまうかも知れませんが、最終的に落ち着く音やコードのルートから的確に判断していきましょう。また今回の第二〜三小節の

ようにIやI-以外へのドミナントケーデンスについては後の編でまた詳しく説明していきます。

2. 短調の楽曲分析例二

ここでは図IV-1aをリハーモナイズした図IV-2aの楽譜を例に再び楽曲分析を行っていきましょう。

図IV -2a

　第一小節から第二小節は非常にオーソドックスなトニックマイナー→サブドミナントマイナー（TM→SDM）の流れとなっています。第三小節から第四小節は一見するとマイナーツーファイブのように見えますが、第四小節目のコード機能はドミナントセブンスではなく、マイナーセブンスです。この後トニックに進行しても強い解決感は得られず、大括弧を使うアナライズも行われません。

　第五小節のIV-7 $^{(\flat5)}$ はコードトーンにC♭を含みます。C♭はBと同音異名ですので、Fm7 $^{(\flat5)}$ コードはF、A♭、B、E♭を構成音に持ち、このコードはCハーモニックマイナースケールに対してダイアトニックである（すべてのコード構成音がCハーモニックマイナースケールに含まれている）ということが分かります。

　第六小節のF°7コードの構成音はF、A♭、B、D（E♭♭）となりますので、Fm7 $^{(\flat5)}$ と比べて構成音の違いはDとE♭のみです。これらのコードを連続させることによって効果的な内声の動きであるラインクリシェを作成できます。同じ第六小節内のB°7はF°7と同じ構成音を持っているので、同一コードの転回形と考えられます。どちらも

強いドミナント機能を持つV7とよく似た構成音を持っていて、I-への進行で強い解決感を作り出します。

　第七小節のI-6はメロディックマイナースケールから派生されるコードで、I-7とは違った印象を聴衆に与えます。メロディにCを含むため、♭9を作ってしまうI-maj7はこの場合適当ではありません。

　このリハーモナイゼーションで出てきたIV-7 (♭5)ですが、特徴的なサウンドでありながらディミニッシュトセブンスコードへと違和感なく進行していき、楽曲にスパイスを与えています。しかしながら実際の楽曲や和声の教科書で出てくるのはIV-7ばかりで、IV-7 (♭5)を目にする機会はほとんどないかと思います。またIV-7 (♭5)の第一転回系である♭VI-6も同様に、ハーモニックマイナースケールの構成音のみで構成されるコードにも関わらず、♭VImaj7や♭VI6に比べて取り扱われるケースが非常に少ないと言えます。

　コードは三和音の堆積によって作られるという基本概念に捉われ過ぎてしまうと、ハーモニックマイナーの増二度音程（CマイナーキーではA♭とB）をトライアドに含むIV-7 (♭5)や♭VI-6というコードの選択肢は最初から除外して、IV-7や♭VImaj7を機械的に選択してしまいがちです。このようなところで、音楽理論が先行する作曲方法の弊害があるように思えます。もちろん基礎知識は大事ですが、セオリーに捉われ過ぎず、ぜひ自由な発想、広い音楽的視野でサウンド作りに挑戦してください。

練習問題

問20 以下のコード進行をアナライズしなさい。

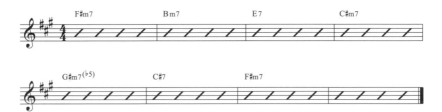

問21 問20の楽譜には、コード進行上ナチュラルマイナースケールと適合しない箇所があります。該当する小節を指摘しなさい。

第四編

テンションを含む和音

I. 非和音構成音

1. テンションの基礎

　今までは三度の堆積で成立する和音の中でセブンスコードまでを考えてきましたが、この章ではそれをさらに拡張していきます。

　まずはCメジャーキーを例に考えていきましょう。図I-1aのようにCの上に三度の積み重ねを続けていくと、七度の次に九度（ナインス、Ninth）、十一度（イレブンス、Eleventh）、十三度（サーティーンス、Thirteenth）の音程が現れます。また十三度の上にさらに三度の音を積み重ねた場合は十五度となり、2オクターブ上のCが現れます。

図I-1a

　和音に九度、十一度、十三度の音が重ね合わされる場合、得られるコードをテンションコード（Tension Chord）と呼び、七度までの和音構成音（コードトーン、Chord Tone）と比較して、これらの音はテンション（Tension）と呼ばれます。これは英語で"緊張"という意味で、文字通りハーモニーに緊張感を与えます。

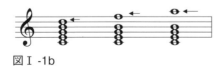

図I-1b

後述するディミニッシュトセブンスコードの特殊な例外を除き、テンションには♭9th（短九度）、9th（長九度）、♯9th（増九度）、11th（完全十一度）、♯11th（増十一度）、♭13th（短十三度）、13th（長十三度）の7種類が存在します。これらのうち9th、11th、13thのことをナチュラルテンション（Natural Tension）、♭9th、♯9th、♯11th、♭13thのことをオルタードテンション（Altered Tension）と言います。テンションは三度の堆積でコード進行に緊張感を与えるものなので、主にセブンスコードに使われます。

テンションコードの表記は図Ⅰ-1cのようにコードシンボルに括弧とルートからの度数を付け加えた形で示されます。

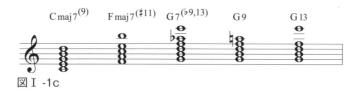

図Ⅰ-1c

テンションがふたつ以上付加されたコードの場合は括弧内に縦一列、または横一列に数字を付け加えます（横一列の場合は通常カンマを用います）。読み方はCmaj7 ⁽⁹⁾の場合、シーメジャーセブンス・ナインス（C Major Seventh Ninth）、Fmaj7 ⁽♯¹¹⁾はエフメジャーセブンス・シャープイレブンス（F Major Seventh Sharp Eleventh）、G7 ⁽♭⁹,¹³⁾の場合、ジーセブンス・フラットナインス・サーティーンス（G Seventh Flat Ninth Thirteenth）となります。

またG9、G13のようにルートとテンションだけが書かれた場合はG7 ⁽⁹⁾、G7 ⁽¹³⁾など、ドミナントセブンスコードにテンションを追加したものだと解釈されます。

テンションと聞くと、複雑な和音や難しい理論を連想しがちですが、第三編までの基礎的な内容を十分に理解しておけば特に理解しづらいというものでもありません。

2. 使用可能なテンション

テンションは和声に緊張感を与える働きを持っていますが、すべてのコードにすべてのテンションを自由に付加できるわけではありません。テンションの使い方によってはコードの機能が失われ、和声進行に障害を与えることになります。和声進行を阻

害せずにコードに付け加えることのできるテンションをアヴェイラブルテンション（Available Tension）と呼びます。多くの例外がありますが、使用可能なテンションの法則は以下の3つです。

a.調性内の音高である（キーに対してダイアトニックである）
b.いずれかの和音構成音に対して長九度（9th）音程の関係にある
c.同音程のナチュラルテンションとオルタードテンションは同時に使用できない

まずはダイアトニックコードでこの基本的なルールについて説明し、それから後に例外など、理論の拡張を行うことにします。

ここでもCメジャーキーを例に考え、Imaj7コードに♭9th、9th、♯9th、11th、♯11th、♭13th、13thの七種類のテンションを付加した場合、a.〜c.のルールに当てはまるテンションを見つけていきましょう。

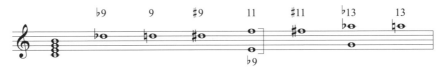

図Ⅰ-2a

まずは九度のテンションです。♭9th、♯9thはルートのCから考えてD♭、D♯となり、ともにCメジャーキーに対してa.の法則に当てはまりません。では♮9thの場合はどうでしょうか。♮9thはDに当たるので、"キーに対してダイアトニックである"というa.の法則は満たしています。またb.の "いずれかのコードトーンに対して長九度（9th）音程の関係にある" という法則ですが、Cに対してDは長九度音程の関係にあるので、これを満たしています。よってテンション9thはImaj7コードで使用可能です。

次は十一度のテンションです。♮11thはFの音に当たります。これはCメジャースケールに含まれているためa.の法則は満たしています。しかしながらFはCmaj7のコードトーンEと短九度の関係であって、長九度の関係ではありません。従ってb.の法則を満たさず、♮11thは使用不可能です。逆に♯11thであるF♯はコードトーンのEと長九度の関係にありb.の法則には従っていますが、Cメジャースケール外の音であるのでa.の法則を満たしません。よってImaj7コードでは♮11th、♯11thともに使えません。

ただし、後の章で説明するリディアンスケール（Lydian Scale）はメジャースケールの第四音が♯11thになったものなので、テンション♯11thを一時的な別スケールからの借用と考えて使用する場合もあります。しかしながらメジャースケールのコード進行内で使うと調性感が曖昧になるため、♯11thはエンディングのコードなどで部分的、補助的なものとしてよく見られます。

最後に十三度のテンションです。テンション♭13thはA♭にあたり、a.の法則もb.の法則も満たしません。♮13thのAはCメジャースケール内に含まれ、またCmaj7のコード構成音であるGの長九度上の音に当たります。よって♮13thは使用可能です。

以上よりImaj7コードで使用可能なテンションは♮9th及び♮13th（部分的に♯11th）となり、Imaj7コードの代わりに使用しても和声進行を阻害しないコードはImaj7 (9)、Imaj7 (13)、Imaj7 (9,13) の三種類です。

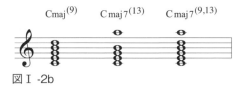

図I-2b

3. その他調性内和音での使用可能テンション

法則a.～c.に従うと、ルートがC以外のダイアトニックセブンスコードのアヴェイラブルテンションは以下のようになります。これらのテンションは調性音楽内で最も自然に聴こえるテンションとして考えられています。

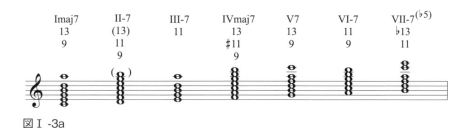

図I-3a

ここに表記されているテンションは進行上の和音に加えても、その進行を阻害せず

に和声に緊張感を与えることができます。しかしながらII-7の13thのテンションには注意が必要です。13thのテンションとなるリーディングトーン（CメジャーキーではB）はII-7に含まれる短三度（CメジャーキーではF）とトライトーンを作り、結果としてV7（CメジャーキーではG7コード）と非常に似たサウンドとなります。特にツーファイブの進行（II-7→V7）において、コードの変化を感じられなくなってしまうという問題が発生します。そのためII-7の13thは、多くの作曲家や理論家、ジャズ演奏家達によってアヴェイラブルテンションとして認められませんでした。ただ音楽の多様性や新しい可能性が探られる近年では、使用可能なテンションとして何ら問題なく扱われるケースも増えています。

　またII-7とVI-7はテンション9thが認められているのですが、同じマイナーセブンスコードでもIII-7の場合はテンション9thが使用できません。このようにテンション使用の際にはコードタイプだけでなく、ルートの度数やキーにも注意が必要です。

　以上より、和声進行を阻害せずにダイアトニックセブンスコードとの置換が可能なテンションコードは以下のようにまとめられます。

Imaj7：Imaj7 $^{(9)}$、Imaj7 $^{(13)}$、Imaj7 $^{(9,13)}$

II-7：II-7 $^{(9)}$、II-7 $^{(11)}$、II-7 $^{(9,11)}$

III-7：III-7 $^{(11)}$

IVmaj7：IVmaj7 $^{(9)}$、IVmaj7 $^{(\sharp 11)}$、IVmaj7 $^{(13)}$、IVmaj7 $^{(9,\sharp 11)}$、
　　　　　　IVmaj7 $^{(9,13)}$、IVmaj7 $^{(\sharp 11,13)}$、IVmaj7 $^{(9,\sharp 11,13)}$

V7：V7 $^{(9)}$、V7 $^{(13)}$、V7 $^{(9,13)}$

VI-7：VI-7 $^{(9)}$、VI-7 $^{(11)}$、VI-7 $^{(9,11)}$

VII-7 $^{(\flat 5)}$：VII-7 $^{(\flat 5)(11)}$、VII-7 $^{(\flat 5)(\flat 13)}$、VII-7 $^{(\flat 5)(11,\flat 13)}$

練習問題

問22 以下、各キーでのそれぞれのコードの使用可能なテンションをすべて五線上に書き加えなさい。ただし、すべてメジャーキーとし、臨時記号を使ったテンションは除くものとする。

II. ドミナントコードでの例外

1. オルタードテンションの使用

前章ではテンションの法則a.～c.により、V7コードで最も自然に響くテンションは9thと13thであるということが分かりました。CメジャーキーのG7コードではAとEにあたります。またこの他にもドミナントセブンスコードの場合、例外として、法則d.が適用されます。

d.ドミナントファンクションを持つコードは自由にオルタードテンションを加えられる

この例外から9th、13thに加えて他四種類のテンションがV7コードには使用可能、即ちV7の場合は♮11thを除くすべてのテンションがアヴェイラブルテンションとなります。

図II-1a

2. 同音程テンションの組み合わせ制限

ここで重要となってくるのが、いままで出番のなかった法則c.です。この法則"同音程のナチュラルテンションとオルタードテンションは同時に使用できない"はテンションの組み合わせを制限するものです。具体的には♭9thと9th、9thと♯9th、11thと♯11th、♭13thと13thの同時使用は和声進行を阻害するという意味になります。例えば

V7 $^{(9,\#9)}$ やV7 $^{(\flat13,13)}$ などのテンションコードは、お互いのテンションノートが反発しあうため、強い不協和音に聴こえ、和声の流れを止めてしまいます。

　ただ"同音程"という部分を除けばナチュラルテンションとオルタードテンションの同時使用は可能ですので、V7 $^{(9,\flat13)}$ やV7 $^{(\#11,13)}$ などは十分にあり得ます。また同音程の異なるオルタードテンション、即ち♭9thと♯9thは問題なく同時に使えるテンションなので、V7 $^{(\flat9,\#9)}$ といったコードも可能です。参考として以下にV7コードのアヴェイラブルテンションの可能な全29種類の組み合わせを示しておきます。

◆一種類のテンション
V7 $^{(\flat9)}$、V7 $^{(9)}$、V7 $^{(\#9)}$、V7 $^{(\#11)}$、V7 $^{(\flat13)}$、V7 $^{(13)}$

◆二種類のテンション
V7 $^{(\flat9,\#11)}$、V7 $^{(\flat9,\flat13)}$、V7 $^{(\flat9,13)}$、V7 $^{(9,\#11)}$、V7 $^{(9,\flat13)}$、V7 $^{(9,13)}$、V7 $^{(\#9,\#11)}$、V7 $^{(\#9,\flat13)}$、V7 $^{(\#9,13)}$、V7 $^{(\flat9,\#9)}$、V7 $^{(\#11,\flat13)}$、V7 $^{(\#11,13)}$

◆三種類のテンション
V7 $^{(\flat9,\#11,\flat13)}$、V7 $^{(\flat9,\#11,13)}$、V7 $^{(9,\#11,\flat13)}$、V7 $^{(9,\#11,13)}$、V7 $^{(\#9,\#11,\flat13)}$、V7 $^{(\#9,\#11,13)}$、V7 $^{(\flat9,\#9,\#11)}$、V7 $^{(\flat9,\#9,\flat13)}$、V7 $^{(\flat9,\#9,13)}$

◆四種類のテンション
V7 $^{(\flat9,\#9,\#11,\flat13)}$、V7 $^{(\flat9,\#9,\#11,13)}$

　このようにドミナントセブンスコードのテンション付加は他のコードタイプに比べて、非常に幅の広い選択肢を持っています。ただし調性外のテンション（CメジャーキーであったらG7 $^{(\#11)}$ やG7 $^{(\flat13)}$ に含まれるC♯やE♭）は、調性内テンション（CメジャーキーであったらG7 $^{(9)}$ やG7 $^{(13)}$ に含まれるAやE）と比べて、調性感を少し外れたような特徴的なサウンドを持っているので、メロディとの兼ね合いなどには特別な注意が必要です。

練習問題

問23 以下、各キーでのドミナントコードの使用可能なオルタードテンションをすべて指摘しなさい。

Ⅲ. テンションと旋律の関係

1. 旋律における非和声音の使用

　今までアヴェイラブルテンションについて勉強をしてきましたが、ここではコードトーン以外の音をどのようにメロディに取り入れられるのかを説明していきます。このテクニックは作曲や即興演奏等で非常に効果的なので、ぜひとも修得しておきたいものです。まずはCメジャーキーでのIである、Cを例に考えていきましょう。

　ジャンルを問わず、多くの場合メロディの主軸となるのは各コードのコードトーンで、Cの場合はC、E、Gの3つです。伴奏のCコードに対して、この三音は非常に安定したサウンドを持ち、どんなリズムでも調和します。図Ⅲ-1aの楽譜は、この三音だけを使ったメロディの一例です。

図Ⅲ-1a

　何ら問題なくメロディとコードが調和していますが、同時に非常に単調です。図Ⅲ-1bは七度のBの音を取り入れたパターンです。

図Ⅲ-1b

　Bを取り入れることにより、サウンド自体はCmaj7に接近したものになりますが、Imaj7もトニック機能を持ったコードですので、Iに対して調性内の七度を取り入れて

も和声進行を阻害することはありません。

　図Ⅲ-1cはメロディにアヴェイラブルテンションを加えたものです。

図Ⅲ-1c

　具体的には第一小節のDとA、第二小節の最後のDで、コードトーンに比べてやや不安定な印象を受けますが、不協和音を作らず、和声進行にも影響を与えません。文字通り楽曲に緊張を与える役割を持っています。アヴェイラブルテンションはパッシングトーン（Passing Tone、経過音、ふたつのコードトーンの間で両者を継ぐ役目を持つ音、図Ⅲ-1cでは一小節目のA）やネイバートーン（Neighbor Tone、隣接音、コードトーンから二度上、もしくは二度下へと進み、その後再び同一のコードトーンへと戻る非和声音）として使われることが多いですが、二小節目のDのようにコードトーンと同様、リズム的に安定した長い音としても使用することができます。

　図Ⅲ-1dはIコードのコードトーンでもアヴェイラブルテンションでもないスケールトーン（Scale Tone、スケール構成音）Fを用いたものです。

図Ⅲ-1d

　Cメジャースケールの特性音でもあるこのFは、トニック機能を持つコード内の使用では、注意を払わないと和声進行の重大な妨げになります。ネイバートーン（一小節目）やパッシングトーン（二小節目）として、非常に短い音での限定的な使用が原則となっています。

　図Ⅲ-1eはCコード上でスケールトーンFを長く保った譜例です。

図Ⅲ-1e

　この場合はCコードに含まれるEとメロディのFが作る♭9の音程によって、Iコードの持つトニックの役割が上手く機能しません。このメロディでは安定的に音楽が終了した感じは得られないでしょう。

　図Ⅲ-1fはコードトーンでもアヴェイラブルテンションでもスケールトーンでもない音のF♯とD♯を用いた例です。

図Ⅲ-1f

　こういったその他の音は補助的かつコードトーンに解決するパッシングトーン（二小節目D♯音）やネイバートーン（一小節目F♯音）としては使用可能で、特にジャズの即興演奏では多く使われます。これらの音が七度に解決する場合はやや調性感を外れた印象を聴衆に与え、またアヴェイラブルテンションへの解決はさらに和声感を希薄なものにします。そういった使用によって音楽に緊張感をもたらす効果があるのも事実ですが、スケール外の音高の使用はスケールトーンF以上に和声進行を妨げ、調性感を破壊する恐れがあるので、使用には細心の注意が必要です。

2. その他の和音における旋律

　I以外の和音でも同じ法則が成り立ちます。例えばII-7であるD-7においては、D、F、A、Cが安定感のあるコードトーン、E、Gが次いで安定感のあるアヴェイラブルテンション、注意が必要なスケールトーンはBで、残りは限定的に使用できるスケール外の音となります。図Ⅲ-2aに、Cメジャースケール上でのそれぞれのダイアトニックコードのコードトーン、テンション、その他のスケールトーンを示しておきます（CT

がコードトーン、ATがアヴェイラブルテンション、STがコードトーンとアヴェイラブルテンションのどちらにも属さないスケールトーンを表します)。

ただし長七度を含むコード、例えばImaj7やIVmaj7のルート（CメジャースケールであればCmaj7のCとIVmaj7のFの音）は第七音（Cmaj7のBとIVmaj7のE）と♭9を作るので、コードトーンではありますが、メロディにおいては注意が必要なスケールトーンと同じ扱いとされています。

図Ⅲ-2a

練習問題

問24 例に従い、以下の楽譜の各音をコードトーン（CT）、アヴェイラブルテンション（AT）、スケールトーン（ST）にそれぞれ分類しなさい。

Ⅳ. 短調におけるテンション

1. 短音階でのアヴェイラブルテンション

マイナーキーのアヴェイラブルテンションもメジャーキーと同様の法則に従います。法則a.～c.に従った場合、Cナチュラルマイナースケール上でのダイアトニックセブンスコードのアヴェイラブルテンションは図Ⅳ-1aのようになります。

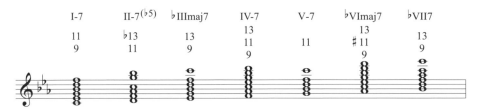

図Ⅳ-1a

ここで出てくる♭VII7（B♭7）はドミナントコードとしての機能が限定的なため、メジャーキーでのV7のようにオルタードテンションは自由には使えません。ただし、♭III（E♭maj7）に解決してドミナントモーションを作る際にはアヴェイラブルテンションとなります。オルタードテンションを含む♭VII7が♭III以外のコードに進んだ際には、♭VII7としてのサウンドではなく、♭III以外に進行するドミナントコードの偽終止としての性格が強いサウンドとなります。

またメロディを作る際に注意が必要なのはメジャーキーの場合と同様、♭IIImaj7と♭VImaj7です。ルートがコードトーンのメジャーセブンスと♭9の関係を作る恐れがあるため、マイナーキーにおいても、それぞれのルートをメロディに用いるのは調性感を崩す恐れがあります。

同様にハーモニックマイナーとメロディックマイナーのアヴェイラブルテンションは法則a.～c.に従うと、図Ⅳ-1bと図Ⅳ-1cのようになります。

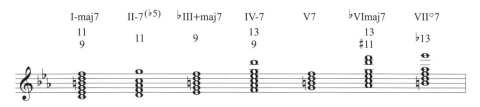

図IV -1b

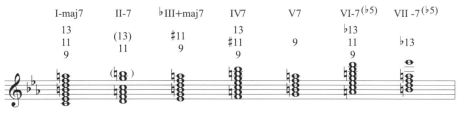

図IV -1c

2. 和声的短音階上でのアヴェイラブルテンション

　上記のマイナーキーでのアヴェイラブルテンションは法則a.〜c.に従うものでした。ここでは法則d.を考慮に入れ、ドミナントケーデンスでのアヴェイラブルテンションについて解説をします。

　第三編で学んだようにマイナーキーでドミナントケーデンスを作るには、ハーモニックマイナー、もしくはメロディックマイナーのいずれかを使う必要があります。まずは図IV-2aに示されるハーモニックマイナー上のマイナーツーファイブワンを考えていきましょう。

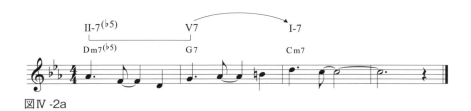

図IV -2a

　この部分のメロディはA♭とBを含んでいるため、ここで使われているスケールは

ハーモニックマイナーであるということがわかります。ここで問題となるのは第二小節、G7コードのアヴェイラブルテンションです。G7のナチュラルテンション9th（A）及び13th（E）はスケール外の音であるため、アヴェイラブルテンションにはなりません（法則a.）。また11th（C）はG7のコードトーンであるBと♭9を作ってしまいますので使用不可です（法則b.）。

オルタードテンションは法則d.によりすべて使用可能です。この場合ナチュラルテンションは既に除外されているので、法則c.を考慮する必要はありません。よってハーモニックマイナー上でのアヴェイラブルテンションは図Ⅳ-2bのようにまとめられます。

図Ⅳ-2b

3. 旋律的短音階上でのアヴェイラブルテンション

ではメロディックマイナーの場合はどうなるのでしょうか。図Ⅳ-3aを例に考えていきましょう。

図Ⅳ-3a

この譜例の第一小節及び第二小節ではA♭ではなくAが使われていることから、このドミナントケーデンスにはメロディックマイナーが用いられていることが分かります。そのため、この場合はG7に使用可能なナチュラルテンションに9th（A）が含まれます。テンション11th及びテンション13thはハーモニックマイナーと同様な理由でアヴェイラブルテンションではありません。

では次にオルタードテンションを見ていきましょう。♯11thと♭13thは問題なく使えますが、問題は♭9thと♯9thです。ここで法則c.を思い出して下さい。法則c.はナチュラルテンションとオルタードテンションの同時使用を禁止しています。例えば第二小節にG7 ⁽♭9⁾やG7 ⁽♯9⁾といったコードを当てはめた場合、メロディにナチュラルテンションである9th（A）、ハーモニーにオルタードテンションが同時に現れてしまい、調性感を壊してしまいます。そのため、メロディックマイナーのドミナントケーデンスではテンション♭9thと♯9thの扱いには注意が必要です。以上よりメロディックマイナー上でのアヴェイラブルテンションは図Ⅳ-3bのようにまとめられます。

図Ⅳ-3b

ただしマイナーツーファイブ上で、明確にメロディックマイナースケールが使われていると断定できない場合、特にジャズ系の楽曲ではオルタードテンションの♭9thが使われることが一般的で、II-7 ⁽♭5⁾ - V7 ⁽♭9⁾と表記されることが非常に多くあります。また今回のようにメロディックマイナーが使用されることを明確にしたい場合には、トニックマイナーに解決するツーファイブワンをII-7 → V7 → I-6という形にして、スケールの第六音が長六度となる二度マイナーセブンスと、トニックをマイナーシックスコードにする表記を組み合わせると効果的です。

練習問題

問25 以下のコード進行をアナライズし、各和音の使用可能なテンションをすべて指摘しなさい。臨時記号を使ったテンションは除くものとするが、ドミナントモーションをかけているドミナントコードについては、臨時記号を適宜用いて、使用可能なすべてのテンションを指摘しなさい。

第五編

セカンダリードミナント

I. セカンダリードミナントの基礎

1. トニックコード以外へのドミナントコードの解決

これまでに出てきたドミナントモーションの解決先はIやImaj7、I-7などのトニックコードでしたが、完全五度下（または完全四度上）へのルートの動きとドミナントコード内の三度、七度が順次進行で次のコードへ解決されればドミナントモーションは成立し、強い解決感が得られます。即ち、ドミナントコードの解決先が図Ⅰ-1aのようにトニックコード以外だとしても、ドミナントモーションは成立します。

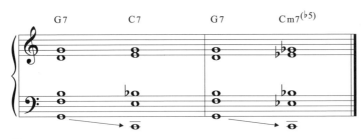

図Ⅰ-1a

ただ図Ⅰ-1bのようにディミニッシュトセブンスコードへ進行する場合には増一度音程を更に半音広げた重増一度音程（図ではBとB♭♭）による調性感の大きな隔たりができてしまうため、スムーズなドミナントモーションが得られないとされています。

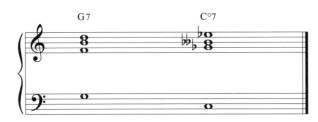

図Ⅰ-1b

2. トニック以外へのドミナントモーション

メジャーキーでI、I6、Imaj7、VII°、VII-7 ($^{♭5}$) 以外のダイアトニックコードに解決するドミナントコードをセカンダリードミナントコード（Secondary Dominant Chord、副次属和音）といい、図Ⅰ-2aのように斜線（/）と⌒を用いてコードアナライズを行います。V7/IIという表記は、ルートが主音から二度のコード（図I-2aではII-7）に対して、完全五度上の音高（図I-2aではA）をルートとするドミナントコードであることを示します。この際、解決先のコードタイプを指定する必要はありません。即ち、V7/II-やV7/II-7といった表記はせずにV7/IIとするのが一般的です。

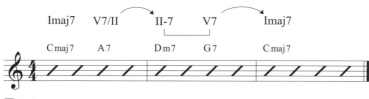

図Ⅰ-2a

このようにセカンダリードミナントを用いて非スケール音（臨時記号の付いた音）を取り入れると、最終的な調性感は崩さずコード進行にバリエーションを持たせることができます。セカンダリードミナントを加えた図Ⅰ-2aとダイアトニックコードのみを用いた図Ⅰ-2bのサウンドを比べて、その違いをぜひ感じ取ってください。

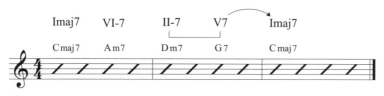

図Ⅰ-2b

セカンダリードミナントは調性感を崩さずに非スケール音を取り入れるのが特徴ですので、調性感を維持するためにはセカンダリードミナントコードのルートはキーに対してダイアトニックでなくてはなりません。そのためにVII°、VII-7 ($^{♭5}$) へのドミナントモーションはセカンダリードミナントモーションとしては扱われません。

図Ⅰ-2c

　このようにスケール外の音を使ってドミナントモーションを作り出し、トニックではない音高を一時的なトニックとして扱う技法をトニシゼーション（Tonicization、トニック化）と言います。またセカンダリードミナントコードに対比して、通常のV7をプライマリードミナントコード（Primary Dominant Chord、第一の属和音）と呼ぶこともあります。

3. セカンダリードミナントのテンション

　セカンダリードミナントのアヴェイラブルテンションも第四編で学んだテンションの法則に従います。もう一度ここでこの法則a.～d.をおさらいしましょう。

a. 調性内の音高である（キーに対してダイアトニックである）
b. いずれかの和音構成音に対して長九度（9th）音程の関係にある
c. 同音程のナチュラルテンションとオルタードテンションは同時に使用できない
d. ドミナントファンクションを持つコードは自由にオルタードテンションを加えられる

　まずは図Ⅰ-3aのようにCメジャーキー、V7/Ⅱのテンションを考えていきましょう。法則a.からB(9th)、C(♯9th)、D(11th)、F(♭13th)はA7のアヴェイラブルテンションとなる可能性があります。次に法則b.によって使用可能なテンションは9thのみとなりますが、ここで"ドミナントファンクションを持つコードは自由にオルタードテンションを加えられる"という法則d.を思い出してください。これにより、B♭(♭9th)、C(♯9th)、D♯(♯11th)、F(♭13th)も使用可能になります。よって、V7/Ⅱでアヴェイラブルテンションは♭9th、9th、♯9th、♯11th、♭13thの5つということが分かります。ただし法則c.によって9thと♭9th、♯9thは同時に使用できないという組み

合わせの制限が生じます。

図Ⅰ-3a

　この5つのテンションの中でも法則a.を満たすB（9th）、C（♯9th）、F（♭13th）のダイアトニックテンションはナチュラルな調性感を得られるため、他のふたつのテンションより使用頻度が高い傾向にあります。さらに9thと♯9thの両方がダイアトニックテンションの場合は法則b.を満たす9thの方が使用頻度は高いようです。♭9th、♯9thが単独で用いられる場合は、解決先のコードの五度に半音で解決できる♭9thの方が多いように思われます（例えばC7 (♭9)→Fmaj7というコード進行の場合、♭9であるD♭はFmaj7の五度であるCに半音で解決できます）。
　またオルタードテンションである♯11thは調性感から大きく外れた響きを作り出すこともあるため、♯11thを使用する際にはコード構成音の動きを順次進行にするなどナチュラルな響きを得られるような工夫が必要です。

図Ⅰ-3b

その他のセカンダリードミナントも同様に考えていくと、図Ⅰ-3cのような結果が得られます。

図Ⅰ-3c

図Ⅰ-3dは各セカンダリードミナントのアヴェイラブルテンションを表にまとめたものです。V7/Ⅲでは♯11thがダイアトニック（キーがCメジャーの場合、V7/ⅢはB7、♯11のFはCメジャースケールの構成音です）となるのが特徴です。

セカンダリードミナント	ダイアトニックテンション	その他の使用可能テンション
V7/II	9th、♯9th、♭13th	♭9th、♯11th
V7/III	♭9th、♯9th、♯11th、♭13th	
V7/IV	9th、13th	♭9th、♯9th、♯11th、♭13th
V7/V	9th、♯9th、13th	♭9th、♯11th、♭13th
V7/VI	♭9th、♯9th、♭13th	♯11th

図Ⅰ-3d

4. ナチュラルマイナーでのセカンダリードミナント

　マイナーキーでのセカンダリードミナントもメジャーキーと同様に考えることができます。まずは第三編で説明したように、レラティブメジャーキーとレラティブマイナーキーの各音高には以下のような関係があったことを思い出して下さい。この関係がしっかり理解できていれば、マイナーキーでのセカンダリードミナントも非常に分かりやすいはずです。

メジャー	マイナー
I	♭III
II	IV
III	V
IV	♭VI
V	♭VII
VI	I
VII	II

図Ⅰ-4a

　ここではCメジャーキーとの対比のため、パラレルキーであるCマイナーを例に勉強していきましょう。ナチュラルマイナースケール上では図Ⅰ-4bのようにセカンダリードミナントが成立します。V7/♭IIIはレラティブメジャーキーのプライマリードミナント（CメジャーキーではG7）に当たります。II°に対するセカンダリードミナントはメジャーキーのVII°と同様、ルートがダイアトニックにならないので不成立で

す。またエンハーモニックルールにより、ダイアトニックとなっているテンションもあることに注意して下さい（V7/V、D7のテンション#11thであるG#は、A♭と異名同音となるため、ダイアトニックテンションと考えられます）。

図Ⅰ-4b

またアヴェイラブルテンションはメジャーキーと同様の考え方で、図Ⅰ-4cのようになります。

セカンダリードミナント	ダイアトニックテンション	その他の使用可能テンション
V7/♭III	9th、13th	♭9th、♯9th、♯11th、♭13th
V7/IV	9th、♯9th、♭13th	♭9th、♯11th
V7/V	♭9th、♯9th、♯11th、♭13th	
V7/♭VI	9th、13th	♭9th、♯9th、♯11th、♭13th
V7/♭VII	9th、♯9th、13th	♭9th、♯11th、♭13th

図Ⅰ-4c

練習問題

問26 以下のコード進行上の各和音をコードシンボルで表し、アナライズを行いなさい。

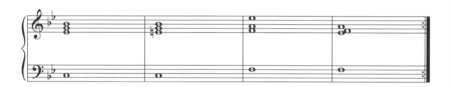

II. セカンダリードミナントの発展

　前章で学んだ基礎がしっかり理解できていればセカンダリードミナントの知識は十分と言えるので、この章は飛ばして先に進んでも構いません。ここではセカンダリードミナントの理論をハーモニックマイナーとメロディックマイナーへ拡張し、議論を進めていきます。

　そもそもこれらのマイナースケールはマイナーキーで導音を作り出し、I-に対してドミナントモーションを作るためのスケールであるので、その中でI-以外に対してトニシゼーションが行われることはあまり多くありません。しかしながら通常の音楽理論を超えた考えの中から新たなサウンドのヒントが生まれるかも知れませんので、興味のある方はぜひこの章にも挑戦してみてください。

1. ハーモニックマイナースケールでのセカンダリードミナント

　ここではCハーモニックマイナースケールを例に考えていきましょう。Cナチュラルマイナースケールとハーモニックマイナースケールの違いは、七度がトニックに対し短七度（B♭）か長七度（B）であるかという点です。

　まずハーモニックマイナースケールでは♭7がダイアトニックでなくなり、V/♭IIIのルートは♭7となるため、♭III+（または♭III+maj7）に対するセカンダリードミナントは成立しません。また七度の和音、♭VIIがVII°（もしくは♭VII7がVII°7）に変更されルートがBとなります。Bに対するセカンダリードミナントコードのルートはF♯ですが、これはCハーモニックマイナースケールに対してダイアトニックではありません。以上から、ハーモニックマイナースケールで成立するセカンダリードミナントV7/IV、V7/V、V7/♭VIの3種類となります。

　またこれらのセカンダリードミナント上のアヴェイラブルテンションは、法則a.〜d.に従い、以下のようになります。V7/♭VIでは♭13th、13thともにダイアトニックテンション（Cハーモニックマイナーの場合、V7/♭VIはE♭7になり、♭13thのB、13thのCともにダイアトニックです）となる特徴があります。ただし法則c.のために同時

使用はできません。

セカンダリードミナント	ダイアトニックテンション	その他の使用可能テンション
V7/IV	9th、♯9th、♭13th	♭9th、♯11th
V7/V	♭9th、♯9th、♯11th、13th	♭13th
V7/♭VI	9th、♭13th、13th	♭9th、♯9th、♯11th

図Ⅱ-1a

2. メロディックマイナースケールでのセカンダリードミナント

　ここではCメロディックマイナースケールを例に考えていきましょう。Cナチュラルマイナースケールと Cメロディックマイナースケールの違いは、七度がトニックに対し短七度（B♭）か長七度（B）であるかという点に加えて、短六度（A♭）か長六度（A）という差も出てきます。

　ハーモニックマイナー同様、♭III+（または♭III+maj7）とVII°（またはVII-7 (♭5)）に対してはドミナントモーションを作れません。さらに六度の和音が♭VIからVI°（または♭VImaj7からVI-7 (♭5)）と変化してしまったために、六度に対するセカンダリードミナントも作れなくなってしまいます。

　しかし特筆すべき点は、Dの完全五度上のAをスケール構成音として持つために、II-（またはII-7）に対するセカンダリードミナントコードが作れるという点です。ただマイナーキーでのV7/IIは、後述するサブスティチュートドミナント（Substitute Dominant）であるsubV7/♭VIの五度下への解決と考える方が一般的です。以上よりメロディックマイナースケールではV7/II、V7/IV、V7/Vの三種類のセカンダリードミナントコードが成立します。

　メロディックマイナースケールでセカンダリードミナント上のアヴェイラブルテンションは、テンションの法則a.～d.に従い、以下のようになります。

セカンダリードミナント	ダイアトニックテンション	その他の使用可能テンション
V7/II	9th、♯9th、♯11th、♭13th	♭9th
V7/IV	9th、♯9th、13th	♭9th、♯11th、♭13th
V7/V	♭9th、♯9th、13th	♯11th、♭13th

図Ⅱ-2a

III. セカンダリードミナントと二度マイナーセブン

1. リレイティッドII-7

ドミナントコードV7とその直前のII-7で、ジャズで頻出のコード進行であるツーファイブが作られるということは第二編で学習しました。ドミナントコードV7の直前に置かれるII-7は特別にリレイティッドII-7（Related II-7）と呼ばれ、第二編で学んだように、大括弧でアナライズされます。またセカンダリードミナントでも同様にリレイティッドII-7とツーファイブを作ることができます。図III-1aのようにセカンダリードミナントのリレイティッドII-7は大括弧によってアナライズされます。この際に、リレイティッドII-7上にローマ数字のシンボルを付ける必要はありません。

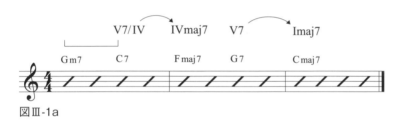

図III-1a

また、次ページの図III-1bのようにセカンダリードミナントでマイナーツーファイブが使われることがあります。マイナーツーファイブが使われる場合、ドミナントモーションの対象がマイナーコードである場合が多いようですが、メジャーコードであっても調性感が崩れずにスムーズなコード進行となります。この際のドミナントコードには、マイナーツーファイブと同様にオルタードテンションが使われるケースが多いです。

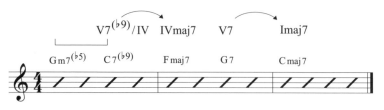

図Ⅲ-1b

2. リレイティッドⅡ-7のデュアルファンクション

セカンダリードミナントのリレイティッドⅡ-7がダイアトニックコードである場合、そのⅡ-7コードはリレイティッドⅡ-7とダイアトニックコードの二重機能（デュアルファンクション、Dual Function）を持ちます。図Ⅲ-2aのようにデュアルファンクションが現れるコード進行の場合、ダイアトニックコードと大括弧の両方を用いてアナライズを行います。

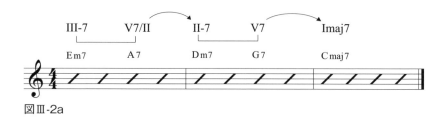

図Ⅲ-2a

Ⅲ-7、Ⅵ-7、Ⅶ-7$^{(\flat 5)}$の三種類のマイナーコードはリレイティッドⅡ-7として扱われた場合、デュアルファンクションを持ちます。

3. リレイティッドⅡ-7のアヴェイラブルテンション

セカンダリードミナントモーションのツーファイブでは、リレイティッドⅡ-7のアヴェイラブルテンションは常に9thと11thになります。リレイティッドⅡ-7上ではドミナントモーションの対象コードを一時的にトニックと考えるためです。図Ⅲ-3aを見てください。

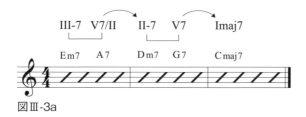

図Ⅲ-3a

　キーはCメジャーで、V7/ⅡとそのリレイティッドⅡ-7であるEm7が出てきます。このEm7のアヴェイラブルテンションはキーがDメジャーの場合同様であると考え、F♯（9th）とA（11th）になります。ただしDをトニックとみなすのはEm7のみで、その後のV7/Ⅱのアヴェイラブルテンションは、キーがCの場合（9th、♯9th、♭13th、♭9th、♯11th）に準じます。即ち、A7上でF♯（13th）はアヴェイラブルテンションではなくなるので注意が必要です。

図Ⅲ-3b

　またⅢ-7の9thはアヴェイラブルテンションではないため、デュアルファンクションであるEm7上で9thをあえて使わないという選択もあります。
　他の例として、図Ⅲ-3cのようなケースを挙げておきます。リレイティッドⅡ-7上ではAをトニックとして考えるため、B-7のアヴェイラブルテンションはC♯（9th）とE（11th）となります。またE7のアヴェイラブルテンションは♭9th、♯9th、♭13th、♯11thになります。

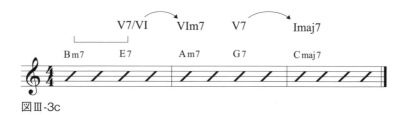

図Ⅲ-3c

AメジャーキーのII-7として扱われるため
C♯がアヴェイラブルテンションとなる

図Ⅲ-3d

　マイナーツーファイブを用いたセカンダリードミナントの場合、上記と同様の理由でリレイティッドII-7 (♭5)のアヴェイラブルテンションは11thと♭13thとなります。

練習問題

問27 以下のコード進行のアナライズを行い、各和音のアヴェイラブルテンションをすべて書き入れなさい。ただし、臨時記号は用いないものとする。またテンション9thとテンション♯9thがともにダイアトニックテンションとなる場合には、ナチュラルテンションのみを書き入れなさい。

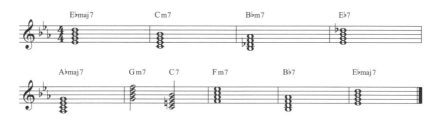

Ⅳ. エクステンデッドドミナント

1. ドミナントの連続

　ドミナントコードの解決先のコードタイプが再びドミナントコードとなっていて、ドミナントモーションが連続するコード進行はしばしば見られます。このようなドミナントモーションの連続をエクステンデッドドミナント（Extended Dominant）と呼びます。

　連続するドミナントモーションの開始がフレーズの頭か、フレーズの途中かによって連続するドミナントコードの持つ性質は少し変わってきます。まずはフレーズの頭からスタートする図Ⅳ-1aのコード進行を例に考えていきましょう。

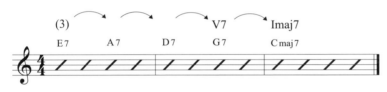

図Ⅳ-1a

　エクステンデッドドミナントは通常のドミナントモーション同様、図のように矢印でアナライズされます。エクステンデッドドミナントを開始する最初のドミナントコードの上には括弧と数字を書き、開始するコードのルートと最終的な解決先のトニックとの音程を示します。

　エクステンデッドドミナントはドミナント以外のコードに解決した時点で終了します。エクステンデッドドミナントの最後のドミナントコードはプライマリードミナントV7に、解決先コードはトニックとして感じられ、その時点で初めてトーナリティが確立します。こういった手法は転調や終止法等に頻繁に用いられ、作曲や編曲で非常に役立ちます。

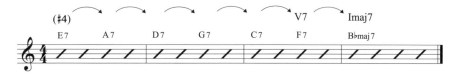

図Ⅳ-1b

2. エクステンデッドドミナントのアヴェイラブルテンション

　エクステンデッドドミナントはV7/Vの連続として聴こえるために、キーや解決先のコードに関わらず、エクステンデッドドミナント中のドミナントコードのアヴェイラブルテンションはV7/Vでのテンションと同様になります。そのため、V7/Vのテンションでも使用頻度の高い9thと13thがエクステンデッドドミナント内のドミナントコードのテンションとして最も一般的です。もちろんオルタードテンションも使用可能で、ナチュラルテンションの場合とは異なったエクステンデッドドミナントのサウンドが得られます。連続するドミナント内ではE7 (9)→A7 (9)→D7 (9)といったように、同一のテンションを使用し続けることにより、全体として統一感のあるコード進行となりますが、近年ではコードごとに異なるタイプのテンションを使用することにより、バリエーションを豊かにしたサウンドも聴かれます。

　エクステンデッドドミナント内の最後のコードはプライマリードミナントとなるため、解決先がIやImaj7などのメジャータイプのコードの場合、使用できるテンションは9th、13thのナチュラルテンションが最もポピュラーです。その他のオルタードテンションもオプションとして使えます（メジャーキーでは、V7とV7/Vのアヴェイラブルテンションは同一です）。

メジャーキーのV7	ダイアトニックテンション	その他の使用可能テンション
V7/V	9th、♯9th、13th	♭9th、♯11th、♭13th
V7	9th、13th	♭9th、♯9th、♯11th、♭13th

図Ⅳ-2a

　また解決先がマイナーコードの場合、図Ⅳ-2bのようにマイナーキーの場合に準ずるアヴェイラブルテンションを使用すると、より強いマイナーの調性感が得られます。

マイナーキーのV7	ダイアトニックテンション	その他の使用可能テンション
V7/V	♭9th、♯9th、♯11th、♭13th	
V7（ハーモニックマイナー）	♭9th、♭13th	♯9th、♯11th

図Ⅳ-2b

　最後のドミナントコード上ではダイアトニックテンションの♭9th、♭13th、またはオルタードテンションの♯9th、♯11thが一般的ですが、9thや13thを使用してマイナーコードに解決すると、突然の解決感に意表を突かれたようなサウンドになります。こういった理論の枠組みを超えた手法を用いることによって非常に興味深いサウンドを得られる場合もあるので、いろいろと試してみてください。

3.　フレーズの途中からのドミナントの連続

　ドミナントモーションがフレーズ途中や終盤から始まる場合、最初のドミナントコードはエクステンデッドドミナントに加えず、独立したセカンダリードミナントコードと考えられることが多いです。図Ⅳ-3aを見てください。

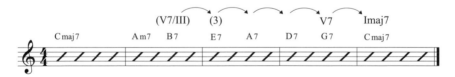

図Ⅳ-3a

　この進行では第二小節三拍目のB7からドミナントモーションの連続が始まっていますが、B7が三小節目のE7に解決する直前まで、III-7であるEm7に解決すると現代人の耳は無意識のうちに予想します。そのためにB7→E7の進行はV7/IIIの偽終止として考えられます。よってB7でのアヴェイラブルテンションはエクステンデッドドミナントの場合と異なり、♭9th、♯9th、♯11th、♭13thの4種類（通常のV7/IIIのアヴェイラブルテンション）となります。E7以降は完全なエクステンデッドドミナントとなりますので、アヴェイラブルテンションはV7/Vの場合と同様になります。

練習問題

問28 以下のコード進行のアナライズを行いなさい。

V. エクステンデッドドミナントとリレイティッドII-7

1. リレイティッドII-7の挿入

　エクステンデッドドミナント内のドミナントコードにはII-7を任意に挿入することができます。ドミナントコードの解決前にII-7が挿入された場合、図V-1aの楽譜のようにアナライズされます。

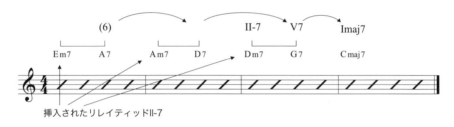

図V-1a

　ドミナントコードの解決前に同一のルートを持つII-7が挿入され、ドミナントコードは遅れて解決されます。エクステンデッドドミナントに限らずですが、このようにドミナントコードが遅れて解決されることをディレイドレゾリューション（Delayed Resolution、遅延解決）と呼びます。
　この際のリレイティッドII-7のアヴェイラブルテンションは通常のツーファイブと同じく9thと11thです。またII-7が挿入されてもドミナントコードの解決対象は変わらないのでアヴェイラブルテンションは通常のエクステンデッドドミナントと変わらずV7/Vのアヴェイラブルテンションと同様（9th、13th、オプションとして♭9th、♯9th、♯11th、♭13th）です。

2. ツーファイブの連続

図Ⅴ-2aのようにツーファイブの解決先が別のリレイティッドⅡ-7となる場合を考えていきましょう。こういったコード進行はジャズなどでよく見られます。

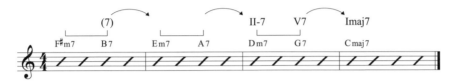

図Ⅴ-2a

ツーファイブの連続は図Ⅴ-2aのようにアナライズされます。エクステンデッドドミナントの場合はドミナントの連続が止まればトーナリティが確立したのですが、ツーファイブの連続の場合は少し振る舞いが変わります。例えば解決先のコードが図Ⅴ-2aのようにメジャータイプ（メジャーセブンスなど）のコードの場合、エクステンデッドドミナントの解決同様、強いトーナリティが確立されます。

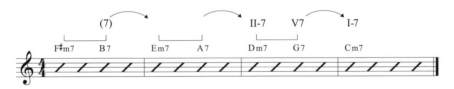

図Ⅴ-2b

図Ⅴ-2bのように解決先がマイナータイプのコードの場合（マイナーセブンスなど）でもツーファイブを終了させることができますが、リスナーの耳はまた新しいツーファイブが始まることを無意識のうちに予想するため、新たなリレイティッドⅡ-7のように聴こえてしまいます。図Ⅴ-2cのように小節数やリズムのパターンに工夫を加えることで、より強いトーナリティが生まれることもあります。

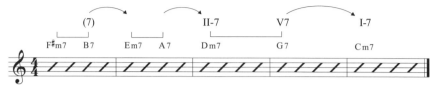

図V-2c

　ツーファイブがドミナントセブンスコードに解決した際には、V7/Vやエクステンデッドドミナントの一部に聴こえます。ツーファイブの連続はエクステンデッドドミナントの奇数番目のドミナントコードをマイナーセブンスコードに置き換えたものとも考えられ、リスナーの耳は無意識の内に五度の連続進行を認識し、パターン予想をしているためです。そのため解決先のドミナントセブンスコードはエクステンデッドドミナント中の偽終止のように聴こえてしまいます。この場合も図V-2cの例のように小節数やリズムのパターンの変化でトーナリティの感じ方が大きく変わる場合もあります。

　和声の時間的経過はハーモニックリズム（Harmonic Rhythm）と呼ばれ、一般のコード進行でも非常に重要ですが、エクステンデッドドミナントや連続するツーファイブなど、一定の和声パターンが繰り返される場合は特にトーナリティに大きな影響を与えることになります。

3.　連続するツーファイブのアヴェイラブルテンション

　連続するツーファイブ中のリレイティッドII-7のアヴェイラブルテンションは通常のリレイティッドII-7と同様に9thと11thですが、リレイティッドII-7に進行するドミナントコードのアヴェイラブルテンションに関してはさまざまな解釈が可能です。

　ドミナントコードを解決先のリレイティッドII-7に対するV7/IIと考えれば、アヴェイラブルテンションは9th、♯9th、♭13thと非ダイアトニックの♭9th、♯11thが使えることになります。またツーファイブの連続を奇数番目のドミナントをリレイティッドII-7に置き換えたエクステンデッドドミナントの変形ととらえれば、通常のエクステンデッドドミナントと同様にV7/Vとして扱うという解釈もできます。その際のアヴェイラブルテンションは9th、13th、オプションとして♭9th、♯9th、♯11th、♭13thとなります。

このように連続するツーファイブでのアヴェイラブルテンションに対してはさまざまな考え方ができるので、ぜひいろいろなサウンドを試してみてください。

練 習 問 題

問29 以下のコード進行上のエクステンデッドドミナントにリレイティッドII-7を挿入し、アナライズを行いなさい。

問30 以下の楽譜の4～6小節に連続するツーファイブを挿入し、コード進行を完成させ、アナライズを行いなさい。

第六編

モーダルインターチェンジ

I. モード

1. チャーチモード

　"全音＋全音＋半音＋全音＋全音＋全音＋半音"の音程がメジャースケールを作っているということは第一編で学びましたが、ここではメジャースケールから派生する音階であるモードについて学んでいきましょう。

　8～14世紀に理論が確立されたと言われる中世ヨーロッパの教会音楽は今日の調性音楽の基礎となっています。当時の教会音楽の特徴は基本的に和声のない単旋律で、メジャースケールと同じ並びの音階を使っていました。しかしながら今日の調性音楽と大きく異なる点は、メロディの最後の音が必ずしもメジャースケールやマイナースケールのトニックではないという点です。Cメジャースケールで考えると、最終音がDであったり、Eであったりと、現代人の耳で感じる調性感とは大きく異なる旋律を用いています。

　中世の教会音楽では、同じ全音＋全音＋半音＋全音＋全音＋全音＋半音の組み合わせを持った音階でも、最終音や旋律の音域によって異なるスケールを命名しました。このようにあるスケールから派生した音階をモード（Mode）と呼び、メジャースケールから派生したモードを特にチャーチモード（Church Mode、教会旋法）と呼びます。近年になってチャーチモードは再び体系化され、調性音楽、特にジャズの世界で有効に用いられるようになりました。

　それではメジャースケールから派生した7種類の音階、チャーチモードを詳しく見てみましょう。図 I-1aはCメジャースケールで派生したチャーチモードです。

Cイオニアン(C Ionian)

Dドリアン(D Dorian)

Eフリジアン(E Phrygian)

Fリディアン(F Lydian)

Gミクソリディアン(G Mixolydian)

Aエオリアン(A Aeolian)

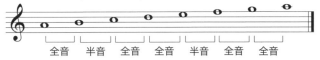

Bロクリアン(B Locrian)

図Ⅰ-1a

　図のようにチャーチモードには、ⅠとⅥから始まるモード（イオニアン、エオリアン）にも名前がついていますが、これらの音階の並びはメジャースケール、マイナースケールと同様です。次の譜例は第一音がCから始まるパラレルチャーチモードです。

Cイオニアン(C Ionian)

Cドリアン(C Dorian)

Cフリジアン(C Phrygian)

Cリディアン(C Lydian)

Cミクソリディアン(C Mixolydian)

Cエオリアン(C Aeolian)

Cロクリアン(C Locrian)

図Ⅰ-1b

　イオニアン、リディアン、ミクソリディアンの三種類のモードはトニックと第三音が長三度の関係にあるのでメジャーモードと呼ばれ、ドリアン、フリジアン、エオリアン、ロクリアンはトニックと第三音が短三度なのでマイナーモードと呼ばれます。

2. メロディックマイナーの派生モード

　メジャースケールと同様にメロディックマイナーから派生するモードも考えることができ、オルタードスケールやリディアン♭7モードはジャズの即興演奏等で効果的に用いられます。

Cメロディックマイナー(C Melodic Minor)

Dドリアンフラットツー(D Dorian ♭2)

E♭リディアンシャープファイブ(E♭ Lydian #5)
E♭リディアンオーギュメンティッド(E♭ Lydian Augmented)

二種類の呼び方があります

Fリディアンフラットセブン(F Lydian ♭7)

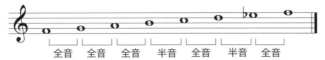

Gミクソリディアンフラットサーティーン(G Mixolydian ♭13)

Aエオリアンフラットファイブ(A Aeolian ♭5)
Aエオリアンディミニッシュト(A Aeolian Diminished)

二種類の呼び方があります

Bオルタード(B Altered)
Bロクリアンフラットフォー(B Locrian ♭4)
Bスーパーロクリアン(B Super Locrian)

三種類の呼び方があります

図Ⅰ-2a

　Cを第一音としたメロディックマイナーの派生モードは以下の図Ⅰ-2bのようになります。

Cメロディックマイナー(C Melodic Minor)

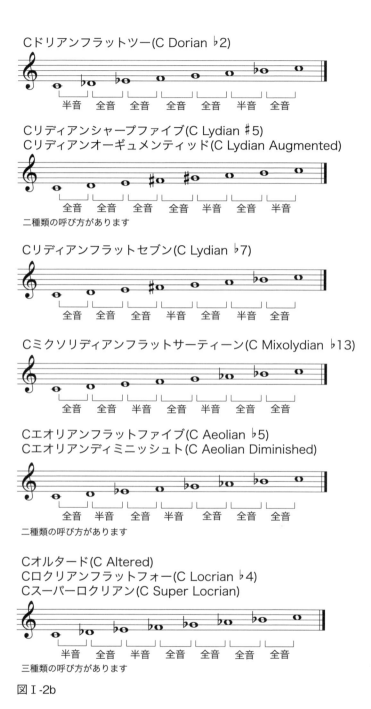

図Ⅰ-2b

またこれと同様に、ハーモニックマイナースケールをはじめとする、その他すべての音階で派生モードを作ることができます。

第六編　モーダルインターチェンジ

練習問題

問31　以下の各モード名を指摘しなさい。

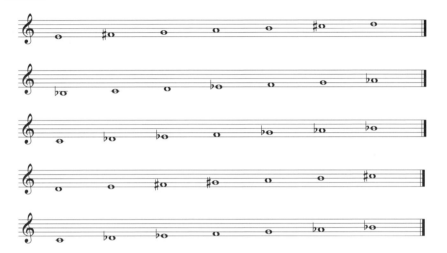

II. モーダルインターチェンジの基礎

1. コードの借用

今までダイアトニックコード以外の和声として、セカンダリードミナントやエクステンデッドドミナント、そのリレイティッドII-7を勉強してきましたが、ここではまた新たな非ダイアトニックコードの説明をしていきます。まずは図II-1aのコード進行を見て下さい。

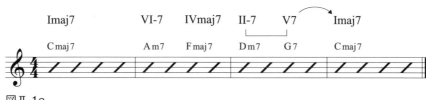

図II-1a

これはすべてがCメジャーキーのダイアトニックコードとなっています。今度は図II-1aと図II-1bを比べてみて下さい。

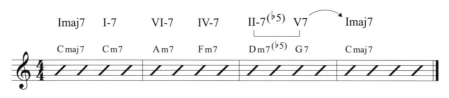

図II-1b

このコード進行のキーは調号とドミナントケーデンスからCメジャーであるということが分かります。この進行はCメジャーのトーナリティを保っていますが、第一小節Cm7、第二小節Fm7、第三小節Dm7$^{(\flat5)}$といったコードは、ダイアトニックコードではありません。しかしながら、これらのコードI-7、IV-7、II-7$^{(\flat5)}$に何か心当た

りがないでしょうか。そうです、Cm7、Fm7、Dm7⁽♭5⁾ はすべてCナチュラルマイナースケール（Cエオリアンモード）のダイアトニックコードです。このように、転調せずに他のパラレルモードのダイアトニックコードを一時的に使用することをモーダルインターチェンジ（Modal Interchange、モード交換）と呼び、その和音をモーダルインターチェンジコードと言います。日本語では借用和音と呼び、他のモードから和音を"借りてくる"というイメージが強いようです。

2. モーダルインターチェンジコードのアヴェイラブルテンション

　例に漏れず、モーダルインターチェンジコードのアヴェイラブルテンションは法則a.〜d.に従います。しかしながら、法則a."調性内の音高である（キーに対してダイアトニックである）"の解釈に関しては、元キーに対してダイアトニックなのか、それとも借用先のモードに対してダイアトニックなのかの二通りの考え方ができます。そのためにモーダルインターチェンジコードにテンションを付加する場合は二通りの方法が存在します。

図Ⅱ-2a

　図Ⅱ-2aは代表的なモーダルインターチェンジコードである、Ⅱ-7⁽♭5⁾ です。法則a.を"元キーであるCメジャー（Cイオニアン）に対してダイアトニックである"と解釈すると使用できるテンションは9thと11thになります。ですが、"借用先モードであるCナチュラルマイナー（Cエオリアン）に対してダイアトニックである"と考えると、使用可能テンションは11thと♭13thとなります。イオニアン由来のテンション9thとエオリアン由来のテンション♭13thを組み合わせて使うと、単一の調性内では得られない興味深いサウンドが得られます。

　次に借用先のモードが複数ある場合のアヴェイラブルテンションを考えていきまし

ょう。V-7はミクソリディアンとエオリアン、両方から派生するモーダルインターチェンジコードです。ミクソリディアンモードからの借用と考える場合9th、11th、13thのすべてがアヴェイラブルテンションとなりますが、エオリアンモードからの借用と考えると、使用可能なテンションは11thのみとなります（いずれにせよイオニアンに対しては9th、11th、13thすべてダイアトニックではあります）。

図Ⅱ-2b

このようにモーダルインターチェンジコードのテンションの付け方にはさまざまな方法があります。もちろんテンションを加えない方が楽曲のサウンドに相応しい場合も多々あります。いろいろと試して楽曲に対してベストな響きを追求してください。

3. 代表的なモーダルインターチェンジコード

ここでは一般に使用頻度の高いモーダルインターチェンジコードについて考えていきましょう。I-7はメジャーキーで頻繁に使われるモーダルインターチェンジコードです。

図Ⅱ-3a

I-7はエオリアン（ナチュラルマイナー）ではなくドリアンからの派生と考えると、13thをアヴェイラブルテンションとすることもできます（ドリアンモードの第一音を

主音として扱うトニックドリアンについての詳細は後述します)。

　I-maj7はハーモニックマイナー、もしくはメロディックマイナースケールからのモーダルインターチェンジコードです。メロディックマイナー由来と考えると、13thがアヴェイラブルテンションとなります。このように、メジャースケール派生モード以外のモーダルインターチェンジコードも多数考えられます。

Cハーモニックマイナー
図Ⅱ-3b

　I7はミクソリディアンモーダルインターチェンジコードです。V7/Ⅳと同じ構成音を持ちますが、ドミナント機能を持たず、Ⅳに解決しないトニックコードとして扱います。ドミナントコードと構成音は同じなので、多くのアヴェイラブルテンションが考えられますが、その分調性感を崩す恐れもあるので注意が必要です。またI7コードはブルース進行には必要不可欠なコードです。

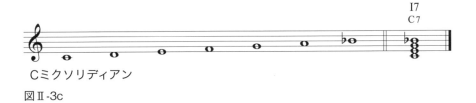

Cミクソリディアン
図Ⅱ-3c

　♭Ⅱmaj7はフリジアン、もしくはロクリアンからのモーダルインターチェンジコードです。フリジアンからの借用と考えると、♯11thがアヴェイラブルテンションとなります。マイナーキーの特性音である短六度（CメジャーキーではA♭）を含むため、コードファンクションはサブドミナントマイナーに分類されます。

Cフリジアン
図Ⅱ-3d

Cロクリアン
図Ⅱ-3e

　II-7(♭5)はエオリアンからのモーダルインターチェンジコードです。11thに加え、イオニアンモードに対してダイアトニックな9th、エオリアンモードに対してダイアトニックな♭13thがアヴェイラブルテンションとなります。またIに対するマイナーツーファイブのリレイティッドII-7(♭5)としての機能も持ちます。

Cエオリアン
図Ⅱ-3f

　他にも、II-7(♭5)をハーモニックマイナーからのモーダルインターチェンジと解釈することもできます。その場合には、ハーモニックマイナーに対してダイアトニックなII-7(♭5)の13th（Dm7(♭5)の場合はB）はコードトーンの全音上ではないので、テンションの法則b.を満たさず、アヴェイラブルテンションとなりません。
　♭IIImaj7はエオリアンからのモーダルインターチェンジコードです。マイナーキーでトニック機能を持つコードなので（AマイナーキーではCmaj7）、I-7同様、トニックマイナーに分類されます。

Cエオリアン
図Ⅱ-3g

　IV-7はエオリアンに由来し、メジャーキーの楽曲でも使用頻度の非常に高いコードです。第三編で既に学習した通り、マイナースケールの特性音である短六度をコードトーンに含み、またリーディングトーンをコードトーンとして含まないため、サブドミナントマイナーに分類されます。アヴェイラブルテンションは9th、11th、13thの三種類です。

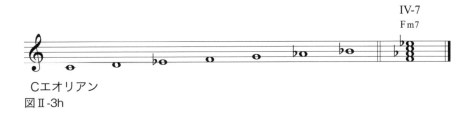

Cエオリアン
図Ⅱ-3h

　IV-maj7はIV-7に似た構成音を持ちますが、大きな特徴はメジャースケールの第三音（CメジャースケールであればE）を含んでいる点です。このコードはメロディックマイナーの第五モード、ミクソリディアン♭13からのモーダルインターチェンジコードで、IV-7同様、短六度を含むのでサブドミナントマイナーに分類されます。

Cミクソリディアン♭13
図Ⅱ-3i

IV7はドリアンモーダルインターチェンジコードで、これもI7同様にドミナント機能を持たないドミナントコードで、♭VIIへの解決を前提としていません。これもまたブルース進行に必要不可欠なコードです。

Cドリアン
図Ⅱ-3j

V-7はエオリアン、またはミクソリディアンの派生コードと考えられます。ミクソリディアンからの借用和音と考えるとテンション9th、11th及び13thが使用可能になります。

Cミクソリディアン
図Ⅱ-3k

エオリアンからの派生コードである♭VImaj7は短六度を含むため、サブドミナントマイナーに分類されます。

Cエオリアン
図Ⅱ-3l

♭VI7はドミナント機能を持たないドミナントコードで、ロクリアンから派生します。メジャースケール、ロクリアンモードともにダイアトニックな13th、またロクリアンモードにダイアトニックと考えると9th、メジャースケールにダイアトニックと考えると♯11thが、それぞれアヴェイラブルテンションとなります。

Cロクリアン

図Ⅱ-3m

♭VIImaj7はミクソリディアンからの派生コードです。このコードのアヴェイラブルテンションである9th、♯11th、13thはイオニアン（メジャースケール）、ミクソリディアン両方に対してダイアトニックです。

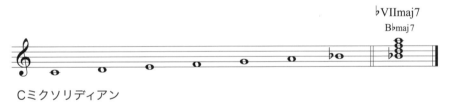

Cミクソリディアン

図Ⅱ-3n

他にもハーモニックマイナースケールや、メジャースケールの第六音を短六度に変えたハーモニックメジャースケールに由来するコードなど、さまざまなモーダルインターチェンジコードが考えられます。

練習問題

問32 臨時記号を用い、以下の各モードを五線上に記入しなさい。

E♭ミクソリディアン

Gドリアン

C♯フリジアン

Aリディアン♭7

III. セカンダリードミナントと モーダルインターチェンジの使用例

1. コードアナライズ

　ここでは、今まで勉強してきたセカンダリードミナントとモーダルインターチェンジを、実際の楽曲を例におさらいしていきましょう。まずは解説を読む前に図Ⅲ-1aのコードアナライズを行ってみて下さい。

図Ⅲ-1a

　Cメジャーキーの非ダイアトニックコードが多数使用されていますが、第一小節目のCmaj7、それから第八小節目から次のセクション及び最終小節のCmaj7へのドミナントモーションなど、Cメジャーの調性感が強調されています。そういった点から、

大きな転調はなく、Cメジャーの調性感を保っていると考えられます。またメロディのリズム、それから四小節毎に二分音符以上の長い音符を伴ったドミナントモーションが現れることから、四小節ひとまとまりの小さなフレーズが4回繰り返される楽曲であると分かります。

　まずは最初の八小節について考えていきましょう。第二小節目に出てくる非ダイアトニックのI-maj7はメロディックマイナー由来のモーダルインターチェンジコードで、トニックマイナーとしての機能を持ちます。Cmaj7からCm(maj7)のコード進行は、C、G、Bのコードトーンを保ったまま、EからE♭の内声の動きを作ることができます。

　四小節目のドミナントコードA7は非ダイアトニックコードですが、II-7であるDm7に解決しています。このことからこのA7はセカンダリードミナントコードV7/IIであることが分かります。A7の直前のEm7はV7/IIのリレイティッドII-7であり、またCメジャーキーのIII-7でもあることからデュアルファンクションを持ったコードと考えられます。

　六小節目のA♭6はエオリアン（ナチュラルマイナー）から派生するコードで、Fm7の第一転回形とも考えられます。A♭を含むので、サブドミナントマイナーに分類されます。続くII-7 (♭5)もエオリアンモードから派生するモーダルインターチェンジコードですが、八小節目のG7とともにマイナーツーファイブを作っていることが分かります。

　九〜十二小節は一〜四小節のバリエーション（リハーモナイズとそれに伴ったメロディの矯正）と言えるでしょう。十小節目のB♭maj7はミクソリディアンモードから派生するモーダルインターチェンジコード♭VIImaj7です。続くGm7は代表的なエオリアンに由来するモーダルインターチェンジコード、V-7となります。

　十二小節目からはドミナントモーションの連続になりますが、最初のドミナントコードであるE7はフレーズの終盤に置かれています。第五編で勉強したように、このE7はセカンダリードミナントV7/VIで、V7/IIに偽終止すると考えます。そしてエクステンデッドドミナントはA7からG7まで（途中リレイティッドII-7のDm7を挟みます）となり、最終的にはCmaj7へ解決します。

　以上より、コードアナライズは図III-1bのようになります。

図Ⅲ-1b

2. アヴェイラブルテンション

　図Ⅲ-1bで示されたコードアナライズを元に特徴的なコードのアヴェイラブルテンションを考えていきましょう。第二小節目のCm(maj7)はCイオニアン、もしくは借用元のスケールをCメロディックマイナーと考えた時にダイアトニックな9th、11th、13thが使えます。

　続くEm7は、通常では11thのみがアヴェイラブルテンションとなりますが、リレイティッドⅡ-7とのデュアルファンクションとなるので、9thであるF♯もアヴェイラブルテンションとなります。ただ直前のCm(maj7)、A7ともにF♯はアヴェイラブルテンションではないので、やや調性感を離れたサウンドになります。しかしながら、あ

161

えてEm7の9thを使い、二小節目のCm(maj7)から九小節目のCmaj7までG (Cm(maj7)の五度) -F♯ (Em7の9th) -F (A7の♭13th) -E (Dm7の9th) -E♭ (A♭6の五度) -D (Dm7 (♭5) の一度) -C♯ (G7の♯11th) -C (Cmaj7の一度) という非常に長いラインクリシェ風の声部の動きを作ることができます。ただし九小節目のCmaj7に含まれるコードトーンBと声部に含まれるCが♭9の音程でぶつかってしまう恐れがあるので、この声部の動きをトップノートやメロディの一部として使う場合などにはCmaj7ではなくC6を用いる方が無難でしょう。

続くV7/IIのダイアトニックなアヴェイラブルテンションは9th、♯9thと♭13thで、その他各種オルタードも使用できます。♭VI6はエオリアンから派生するコードなので9th (B♭)、♯11th (D) が使えます。また、♭VI6はIVm7であるFm7と同一の構成音を持つので、Fm7の9th、即ちmaj7のGもA♭6に調和する非和声音として使用可能です。

次のDm7 (♭5) コードですが、これは続くG7とマイナーツーファイブを作っています。II-7 (♭5) 単独では9th、V7単独では9thや13thといった、メジャースケール由来のテンションも考えられますが、マイナーツーファイブとエオリアンモーダルインターチェンジA♭6が作り出すコード進行は非常に強いマイナートーナリティを第六から第八小節にかけて作り出しています。そのため、ここではマイナーツーファイブで一般的なテンション (II-7 (♭5) では11th、V7では♭9th、♭13th) を使うことにより、自然なサウンドが得られます。もちろん、あえてメジャーキーに対するダイアトニックテンション (V7の9thや13th) を使うアプローチも考えられます。

第十小節の♭VIImaj7のアヴェイラブルテンションはイオニアン、ミクソリディアンの両方に対してダイアトニックな9th、♯11th、13thです。続くV-7は9th、11th、13thがアヴェイラブルテンションとなります。

第十二小節のセカンダリードミナントV7/VIのテンションは、♭9th、♭13thが一般的で、その他♯9thと♯11thのオルタードテンションも使えます。十三、十四小節のエクステンデッドドミナント中のドミナントコードのテンションは、第五編で勉強した通り一般的に9thと13thが使われますが、♭9th、♯9th、♯11th、♭13thもオプションとして使えます。セカンダリードミナント中のリレイティッドII-7は9thと11thがアヴェイラブルテンションとなります。

3. 旋律について

　第三小節のメロディに使われているCですが、これはEm7のアヴェイラブルテンションではありません。しかしながらメロディとして機能しているのは、先行するBからC、解決するBへの半音の動きがあり、CがコードトーンBのネイバートーンになっているためです。また一～四、九～十二小節のフレーズにはよく似たリズムや音形が使われていることに着目してみて下さい。似たフレーズが並べられていますが、後半の最高音Dは前半の最高音Cよりも一音高くなっています。そのため平行した二フレーズのうち、後半のフレーズが前半よりも盛り上がって感じられるようになります。

　また十三小節目のFはA7の♭13であるとともに、D7の第三音、F♯へのパッシングトーンで、E-F-F♯の半音の動きを作っています。第十四小節のC♯とG♭はそれぞれDとFに対するパッシングトーンです。

練習問題

問33 以下のコード進行のアナライズを行いなさい。

問34 問33のコード進行の各和音のアヴェイラブルテンションをすべて指摘しなさい。ただし、臨時記号を用いるテンションは除くものとする。

第七編

ドミナントコードの応用と発展

I. サブスティテュートドミナントの基礎

1. トライトーンの解決

V7→Iで得られる強い解決感は、V7の三度と七度が作るトライトーンがそれぞれIの一度と三度に半音で解決するためであるということを第二編で学びました。

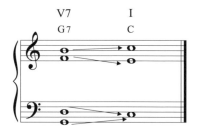

図 I -1a

またトライトーンには転回をしても同音程のトライトーンが得られるという特徴があります。

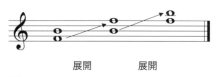

図 I -1b

ではG7の三度Bと七度Fのトライトーンを転回してできるFとBをルートからそれぞれ長三度と短七度に持つ、ドミナントコードを考えてみましょう。Fから長三度下、Bから短七度下の音高はD♭(もしくはC♯)ですので、Fを三度にBを七度に持つドミナントコードはD♭7となります。またG7とD♭7のルート、GとD♭もまたトライトーンの関係にあります。C♯7(コード構成音C♯、E♯、G♯、B)と書いてももちろん正し

いのですが、あとの解説のためにここではD♭7（コード構成音D♭、F、A♭、C♭）と
表記を統一します（E♯とF、BとC♭はエンハーモニックであり、BとD♭は全音程であ
るということに注意して下さい）。

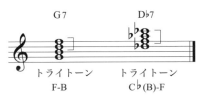

図Ⅰ-1c

　D♭7はG7と同じトライトーンB、Fを持つドミナントコードですので、G7→Cという進行のG7をD♭7に置き換えて考えてみましょう。図Ⅰ-1dはD♭7の五度省略形がCの五度省略形に解決する場合の各コード構成音の動きです。

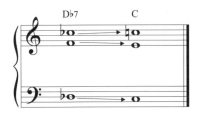

図Ⅰ-1d

　三度と七度のトライトーンはG7と同様に半音で、またルートのD♭もCへ半音で進行し、非常にスムーズな進行となっていることが分かります。ちなみに五度を省略しない場合は図Ⅰ-1eのようになります。この進行の場合、ルートと五度がそれぞれ半音で同一の方向に解決します。

図Ⅰ-1e

このように完全五度のコード構成音が同一の音程で平行して進む場合を平行五度と呼び、（美しい和声進行感が得られないとされるため）クラシックの古典和声では禁じ手とされています。このようなコード進行で各和音に五度を加える際には、平行五度が生じることを留意して下さい（ただ平行五度には独特の力強さや響きがあるのでロックや近現代のクラシック音楽、民族音楽などでは多用されています）。

2.　ドミナントの置換

　以上よりV7とルートがトライトーンの関係にあるドミナントコード（キーがCメジャーではD♭7）はV7と同様にIに対してスムーズにトライトーンの解決ができるということが分かりました。そのためIに対して半音上の音をルートに持つドミナントセブンスをサブスティチュートドミナントセブンスコード（Substitute Dominant Seventh Chord）と呼び、図Ⅰ-2aのようにsubV7と表記し、Iへの解決は点線の矢印でアナライズします。サブスティチュートは置換、代理という意味で、日本語では置換ドミナントや（五度圏の図でトライトーンは真裏になるため：第一編参照）裏コードと呼ばれます。

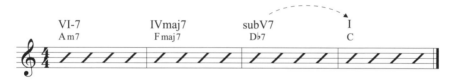

図Ⅰ-2a

　キーがCメジャーではG7がV7でD♭7がsubV7となりますが、キーがG♭メジャーではD♭7がV7に、G7（A♭♭7）がsubV7となります。図Ⅰ-2bに各キーのV7とsubV7の関係を示しておきます。

調	調号	V7	subV7
Cメジャー	なし	G7	D♭7
Gメジャー	♯×1	D7	A♭7
Dメジャー	♯×2	A7	E♭7
Aメジャー	♯×3	E7	B♭7
Eメジャー	♯×4	B7	F7
Bメジャー	♯×5	F♯7	C7
F♯、G♭メジャー	♯×6、♭×6	C♯7、D♭7	G7 (A♭♭7)
D♭メジャー	♭×5	A♭7	D7 (E♭♭7)
A♭メジャー	♭×4	E♭7	A7 (B♭♭7)
E♭メジャー	♭×3	B♭7	E7 (F♭7)
B♭メジャー	♭×2	F7	B7 (C♭7)
Fメジャー	♭×1	C7	G♭7

図Ⅰ-2b

調	調号	V7	subV7
Aマイナー	なし	E7	B♭7
Eマイナー	♯×1	B7	F7
Bマイナー	♯×2	F♯7	C7
F♯マイナー	♯×3	C♯7	G7
C♯マイナー	♯×4	G♯7	D7
G♯マイナー	♯×5	D♯7	A7
D♯、E♭マイナー	♯×6、♭×6	A♯7、B♭7	E7 (F♭7)
B♭マイナー	♭×5	F7	B7 (C♭7)
Fマイナー	♭×4	C7	G♭7
Cマイナー	♭×3	G7	D♭7
Gマイナー	♭×2	D7	A♭7
Dマイナー	♭×1	A7	E♭7

図Ⅰ-2c

練習問題

問35 例に従い、以下の各キーでのImaj7に対するSubV7コードを五線上に記入し、加えてコードシンボルも書き入れなさい。

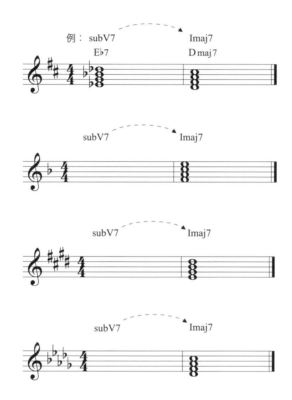

II. トニック以外に解決するsubV7

1. subV7/II、subV7/IV、subV7/V

前章ではIに対するsubV7を取り扱ってきましたが、ここではセカンダリードミナントと同様、I以外のルートを持つダイアトニックコードに対するsubV7を考えていきましょう。

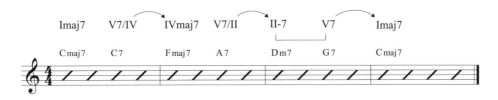

図Ⅱ-1a

図Ⅱ-1aはセカンダリードミナントを使ったシンプルなコード進行の例です。ここでは対象となるIVmaj7とII-7に対してドミナントモーションがかけられています。今度は完全五度上（または完全四度下）からのV7ではなく、半音上からのsubV7を使ってIVmaj7やII-7に解決していく場合です。

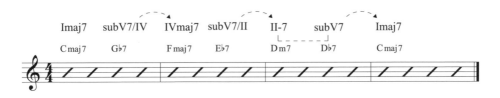

図Ⅱ-1b

図Ⅱ-1bはセカンダリードミナントではなく、サブスティチュートドミナントで

IVmaj7、II-7及びImaj7に解決するコード進行です。図のようにsubV7/○という表記と点線の矢印を使ってアナライズを行います。セカンダリードミナント同様、サブスティチュートドミナントはルートがダイアトニックであるコードに対するアプローチであるとして、一般に扱われています。中でも、subV7/II、subV7/IV及びsubV7/Vの三種類のsubV7/○は頻繁に使われます。

また、ツーファイブのアナライズでは大括弧を使いましたが、ツーファイブのV7がsubV7に置き換えられた進行の場合は、図のように点線の大括弧を使ってその関係を示します。

2. subV7/III、subV7/VI

一般的なII、IV、VへのsubVと、III、VIに対するsubV7はコード進行での扱われ方がやや異なります。まずsubV7/IIIですが、subV7、subV7/II、subV7/IV、subV7/Vと違い、ルートがダイアトニックになっています。そのためsubV7特有の、非ダイアトニックからの解決感が感じられません。またIV7は非常によく使われるモーダルインターチェンジコードですので、subV7/III→III-7という解決を含む進行ではなく、IV7からIII-7への解決を含まないコード進行に聴こえてしまい、トライトーンの強い解決感が他のsubV7に比べて得られません。

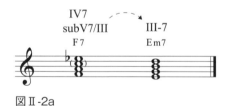

図II-2a

subV7/VIについても同様に、♭VII7は代表的なモーダルインターチェンジコードであるため、subV7/VI→VI-7ではなく、♭VII7からVI-7への進行だと聴こえてしまいます。

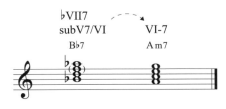

図Ⅱ-2b

ただし前後のコード進行やハーモニックリズムの工夫次第ではsubV7/Ⅲ→Ⅲ-7、subV7/Ⅵ→Ⅵ-7としての解決感が十分に得られる場合もあります。

3. subV7/Ⅶ

　頻繁に使用されるsubV7、subV7/Ⅱ、subV7/Ⅳ、subV7/Ⅴ、それから解決感のやや薄いsubV7/Ⅲ、subV7/Ⅵに対し、Ⅶへ解決するサブスティチュートドミナントは一般的には認められていません。ここではその理由をCメジャーキーで考えていきましょう。

　ⅦであるBの半音上のルートを持つドミナントセブンスコードはC7となります。まずC7はsubV7/Ⅲ（キーがCメジャーの場合はF7）と同様、ルートがダイアトニックであり、subV7特有の非ダイアトニックからの強い解決感が得られません。また導音は非常に不安定で、ルートに解決したいという強い傾向にあります。導音へ半音上のドミナントセブンスコードから解決しても、また導音は半音上のトニックに戻ろうとする不安定性を持っていますので、C7からBをルートに持つコードへの解決間は非常に得られにくくなっています。このようにセカンダリードミナントの解決先にⅦが選ばれていないのと同様に、サブスティチュートドミナントでもⅦは解決先とはならないと考えられています。

　そのため、C7からBm7 $^{(b5)}$ へのコード進行はV7/ⅣからⅦ-7 $^{(b5)}$ への偽終止、また前後のコード進行によってはミクソリディアンモーダルインターチェンジコードのⅠ7からⅦ-7 $^{(b5)}$ への進行と聴こえるのが一般的です（図Ⅱ-3a）。

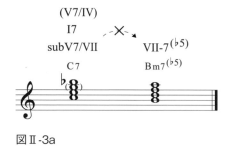

図Ⅱ-3a

練習問題

問36 以下のコード進行に現れるドミナントコード、及びセカンダリードミナントコードをサブスティチュートドミナントと置換し、新しく作成されたコード進行のアナライズを行いなさい。

III. マイナーキーでのsubV7

1. subV7、subV7/II、subV7/IV、subV7/V

マイナーキーでもサブスティチュートドミナントは同様に使用することができます。ここでは上記の説明と対比できるよう、Cマイナーキーで考えていきましょう。まず、最も基本となるI-へのサブスティチュートドミナントはメジャーキー同様以下のようになります。

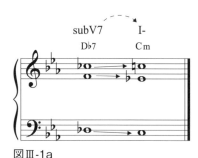

図III-1a

次にセカンダリードミナントを使ったシンプルなコード進行をマイナーキーで見ていきましょう。

図III-1b

図III-1bを図II-1b同様に、二小節目、三小節目及び四小節目の最初のコードに対してサブスティチュートドミナントが解決するよう、一部コードをsubV7/○に置き換えたコード進行が図III-1cとなります。

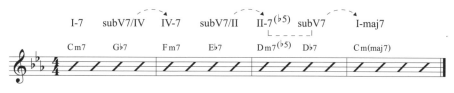

図Ⅲ-1c

　基本的なアナライズの仕方はメジャーキーの場合と同様です。マイナーキーでもメジャー同様に、subV7、subV7/II、subV7/IV及びsubV7/Vの四種類が一般的にサブスティチュートドミナントとして認められています。

　subV7、subV7/IVついてはルートが非ダイアトニックですが、subV7/IIとsubV7/Vのルートはダイアトニックになります。subV7/II及びsubV7/Vのどちらもルートがマイナースケールを特徴付ける音、♭3と♭6（CマイナーキーであればE♭とA♭）となっているため、コード進行の中でマイナーの調性感が強調されます。

2.　subV7/♭III、subV7/♭VI、subV7/♭VII

　一般にマイナーキーのサブスティチュートドミナントとして認められているのはsubV7、subV7/II、subV7/IV、subV7/Vの四種ですが、それ以外のsubV7/♭III、subV7/♭VI、subV7/♭VIIがなぜマイナーの調性感に合わないのか、ここでは考えていきましょう。

　subV7/♭IIIはCマイナーキーではE7となります。E7のルートであるEはパラレルキーであるCメジャーキーの第三音で、メジャースケールを特徴付ける音高です。加えてE7はCメジャーキーのV7/VI（V7/VIはマイナーキーには存在しません）でもあるため、パラレルメジャーの調性感が強調されます。

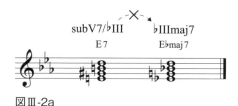

図Ⅲ-2a

subV7/♭VIはCマイナーキーではA7となり、subV7/♭IIIと同様にルートであるAはCメジャースケールとCマイナースケールの違いを特徴付ける音高です。またA7はCメジャーキーでのV7/II（V7/IIはマイナーキーには存在しません）ですので、この場合もパラレルメジャーの調性感が強調されます。

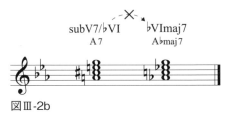

図III-2b

subV7/♭VIIはCマイナーキーではB7となり、この場合もルートであるBはCメジャースケールとCマイナースケールの違いを特徴付ける音高となっています。また同様にB7はCメジャーキーでのV7/III（V7/IIIはマイナーキーには存在しません）なので、パラレルメジャーの調性感が強調されます。

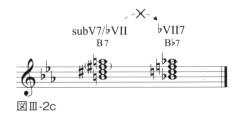

図III-2c

以上の理由から、subV7/♭III、subV7/♭VI、subV7/♭VIIはマイナーキーの調性感を失わせると考えられるため、一般にはサブスティチュートドミナントとして認められていません。ただ以上はあくまでも一般論であって、subV7/♭III、subV7/♭VI、subV7/♭VIIの扱いがsubV7、subV7/II、subV7/IV、subV7/Vと一線を画すというセオリーが作られるには、少し根拠に乏しいとも感じられます。芸術表現に正解不正解はありませんので、固定観念や一般的なセオリーのみにとらわれず、いろいろなコード進行をぜひ試していただきたいと思います。セオリーから外れたコード進行を取り入れることによって、聴き手の意表をついたユニークなサウンドが作れるかもしれません。

練習問題

問37 以下のコード進行に現れるセカンダリードミナントコードをサブスティチュートドミナントと置換し、新しく作成されたコード進行のアナライズを行いなさい。

IV. サブスティチュートドミナントの ツーファイブ

1. サブスティチュートドミナントとリレイティッドII-7

　ドミナントコードが解決する場合、リレイティッドII-7を先行させ、ツーファイブが作れるということを第五章で学びました。ここではリレイティッドII-7とサブスティチュートドミナントの組み合わせを学んでいきましょう。

　まずはIに対するsubV7のリレイティッドツーファイブをCメジャーキーで考えましょう。この場合、subV7であるD♭7に先行するリレイティッドII-7はA♭m7となります。A♭m7は非ダイアトニックであり、デュアルファンクションは持たないため、この場合は実線の大括弧と空白を用いて図IV-1aのようにアナライズします。

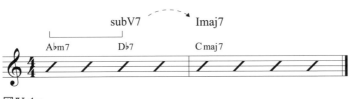

図IV-1a

　今度はI以外に対するsubV7/○の例を見ていきましょう。図IV-1bはsubV7/IIと先行するリレイティッドII-7の譜例です。この場合も先行するリレイティッドII-7は非ダイアトニックコードですので、Iに対するsubV7と同様に空白と大括弧でアナライズを行います。

図IV-1b

subV7/○に先行するリレイティッドII-7は通常非ダイアトニックコードとなります。先行する非ダイアトニックのリレイティッドII-7をモーダルインターチェンジコードと考えられなくもないですが、この場合はツーファイブの一部としてのサウンドの方が非常に強く感じられるので、アナライズをする際にはあえて空白のままにしておく場合が一般的です。

2. 連続するルートの半音進行

次は通常のツーファイブワンのV7をsubV7に置き換える場合をCメジャーキーで考えていきましょう。ツーファイブのV7をsubV7に置き換えると、図Ⅳ-2aのようにルートが半音で下行します。

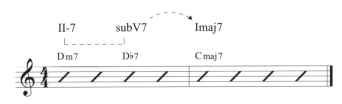

図Ⅳ-2a

このようなマイナーセブンスコード（もしくはマイナーセブンスフラットファイブ）とドミナントセブンスコードの関係は、前述の通り点線の大括弧でアナライズされます。

これに対し図Ⅳ-2bはツーファイブ内のセカンダリードミナントV7/IIをサブスティチュートドミナントに置き換えた例になります。

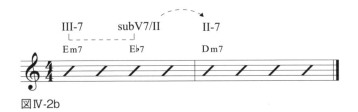

図Ⅳ-2b

このように半音上のマイナーセブンス（もしくはマイナーセブンスフラットファイ

ブ）がサブスティチュートドミナントに先行する場合、先行するコードがダイアトニックコードとなり、デュアルファンクションを持つことがしばしばあります。

3. ツーファイブの進行パターン

　ここまで、実線でアナライズする通常のツーファイブ、それから点線でアナライズするルートの半音進行の異なるパターンを勉強してきました。ここでは作曲で非常に役に立つ、実線アナライズのパターンと点線アナライズのパターンの組み合わせを勉強していきましょう。

　図IV-3aは「実線の大括弧＋実線の矢印」でアナライズされる通常のツーファイブワンです。また図IV-3bは「点線の大括弧＋点線の矢印」でアナライズされるサブスティチュートドミナントのパターンです。

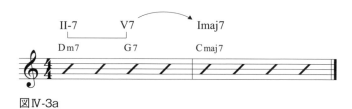

図IV-3a

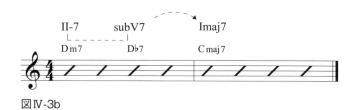

図IV-3b

　これらの場合はルートの着地点は、最初のマイナーセブンスコードのルートDより全音低いCとなります。

　図IV-3cは「実線の大括弧＋点線の矢印」でアナライズされるコード進行で、図IV-3dは「点線の大括弧＋実線の矢印」でアナライズされるコード進行です。

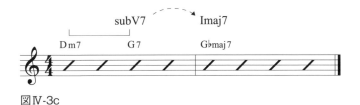

図Ⅳ-3c

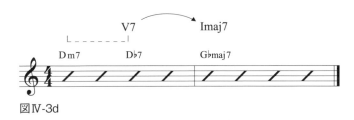

図Ⅳ-3d

　これらの実線＋点線の組み合わせだと、ルートの着地点はマイナーセブンスコードのルートDより二音高いG♭（もしくはF♯）となります。
　以上からツーファイブパターンだけで、Dm7から出発して4通りの経路、2通りの着地点があることが分かります。
　同様にDm7以外のマイナーセブンスコードを出発してCmaj7に解決するツーファイブのパターンを考えていきましょう。前述の図Ⅳ-3a、Ⅳ-3bで表される「実線の大括弧＋実線の矢印」と「点線の大括弧＋点線の矢印」の他に、「実線の大括弧＋点線の矢印」と「点線の大括弧＋実線の矢印」のパターンは以下のふたつの例のようになります。

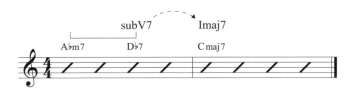

図Ⅳ-3e

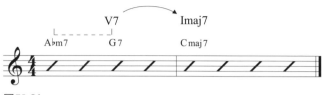

図Ⅳ-3f

　これらのパターンでは、一時的に調性感を外れたA♭m7が登場しますが、スムーズな流れでトニックであるCに着地します。このように非常に滑らかな進行で、聴き手の意表を突くような終止法は、転調やトニシゼーションなど、作曲する上で大いに活躍します。

練習問題

問38 以下のコード進行に現れるドミナントコード、及びセカンダリードミナントコードをサブスティチュートドミナントと置換し、新しく作成されたコード進行のアナライズを行いなさい。

問39 問38で新しく作成されたコード進行に現れるサブスティチュートドミナントコードに先行するII-7を、各サブスティチュートドミナントと実線の大括弧を用いてアナライズできるように置換しなさい。

V. サブスティチュートドミナントと付随するII-7のテンション

1. サブスティチュートドミナントのテンション

　サブスティチュートドミナントは、本来ドミナントコードの代理として用いられる非ダイアトニックで、調性感を少し外した印象を聴き手に与える効果を持っています。そのためにテンションが解決先の調性感に合わせたものであったら、サブスティチュートドミナントの持つインパクトが薄れてしまうと考えられます。そのためにサブスティチュートドミナントのアヴェイラブルテンションは、通常のダイアトニックスケールの理論の枠組みから外れたものとなっています。

　サブスティチュートドミナントのテンションの付け方はいたって単純です。解決先のコードタイプ、ルートに関わらず、テンションの法則b."いずれかの和音構成音に対して長九度（9th）音程の関係にある"のみに従います。即ち、9th、♯11th、13thの三種類です。

図V-1a

図V-1b

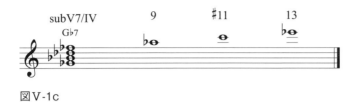

図V-1c

図V-1d

　このように解決先の調性感に合わせず機械的にテンションを選ぶと、サブスティチュートドミナントの持つ非ダイアトニック感が保たれます。ただこの三種類のテンション以外は完全に使用不可というわけではなく、条件によっては非常に効果的な使い方もできます。図V-1eを見て下さい。

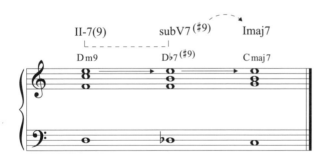

図V-1e

　この場合subV7にはテンション♯9th、Eが付けられています。このテンション♯9thがコード進行の中でトップノートEを保つ役割を持っています。このように状況次第でさまざまなテンションを選択することは効果的です。

2. ルートが半音進行の場合のマイナーセブンスのテンション

　点線の大括弧でアナライズされる半音進行のマイナーセブンスコードの場合、セカンダリードミナントコードのリレイティッドII-7と同一のコードになります。そのため点線の大括弧の進行内では前述のセカンダリードミナントコードのリレイティッドII-7の場合と同様に、9thと11thがアヴェイラブルテンションとなります。

図V-2a

図V-2b

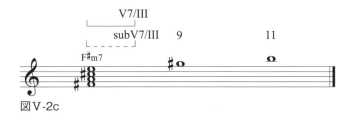

図V-2c

図 V-2d

図 V-2e

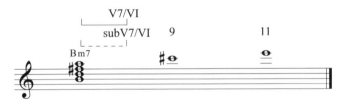

図 V-2f

マイナーキーの場合も同様ですが、ナチュラルマイナースケール上ではルートが非ダイアトニックとなるという理由から、セカンダリードミナントであるV7/IIは成立しないので、II-7$^{(♭5)}$に対するsubV7/IIの半音上のマイナーセブンスは、セカンダリードミナントのリレイティッドII-7と同一のコードになるという事象には当てはまりません。このsubV7/IIの半音上のマイナーセブンス、III-7はイオニアンモーダルインターチェンジコードとも考えられます。Cマイナーキーで考えると、Em7のテンション9thはF♯、即ちCマイナースケール、Cイオニアンモード（メジャースケール）の両方に対してダイアトニックではありませんので、アヴェイラブルテンションは11th、Aのみになります。

ただ、このEm7をCリディアンのモーダルインターチェンジコードと考えれば、F♯はCリディアンに対してダイアトニックですので、テンション9thが使用可能とも解釈できます。マイナースケールとリディアンモードはスケール構成音が大きく異なるため、この場合のテンション9thは独特なサウンドを感じさせます。

図V-2g

以上から、点線の大括弧でアナライズされる半音進行に含まれるマイナーセブンスコードのアヴェイラブルテンションはすべて9thと11thとなることが分かります。

3. サブスティチュートドミナントのリレイティッドII-7のテンション

セカンダリードミナントのリレイティッドII-7のテンションと同様に、サブスティチュートドミナントのリレイティッドII-7のアヴェイラブルテンションも、後に続くドミナントセブンスコードをプライマリードミナントと見立てた場合の調号に従います。具体的にCメジャーキーのsubV7を例にとって説明していきましょう。

CメジャーキーのsubV7はD♭7で、D♭7がプライマリードミナントとなるのはG♭メジャーキー、調号はフラット六つとなります。よってsubV7のリレイティッドII-7で

あるA♭m7のアヴェイラブルテンションは、G♭メジャーキーでのA♭m7、即ちII-7のアヴェイラブルテンションとなります。

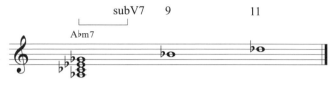

図V-3a

次にsubV7/IIのツーファイブの例を考えていきましょう。E♭7がプライマリードミナントとなるのはA♭メジャーキー、調号はフラット四つです。E♭7のリレイティッドII-7はB♭m7で、A♭メジャーキーでのB♭m7、即ちここでも同様にII-7のアヴェイラブルテンションとなります。

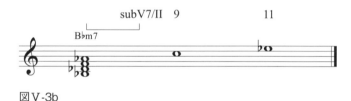

図V-3b

以上のように理由を説明するのは少しややこしい面もあるのですが、結局すべてのサブスティチュートドミナントのリレイティッドII-7のテンションは9thと11thとなります。これはマイナーキーでも同様です。

図V-3c

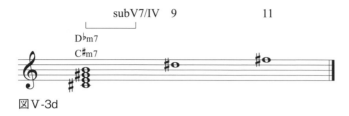

図V-3d

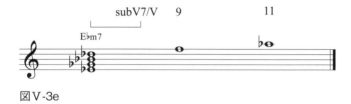

図V-3e

図V-3f

VI. エクステンデッド サブスティチュートドミナント

1. サブスティチュートドミナントの連続

第五編でセカンダリードミナントの連続で作られるエクステンデッドドミナントを勉強しましたが、同様にここでは連続するサブスティチュートドミナントを学んでいきましょう。

図VI-1aはシンプルなエクステンデッドドミナントの例です。八小節目のB7はフレーズの終わりに配置されているので、エクステンデッドドミナントの一部でないことに注意して下さい。

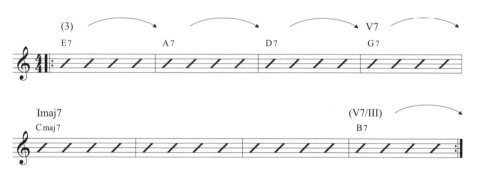

図VI-1a

これらのセカンダリードミナントの連続をサブスティチュートドミナントの連続に置き換えてみたのが図VI-1bです。

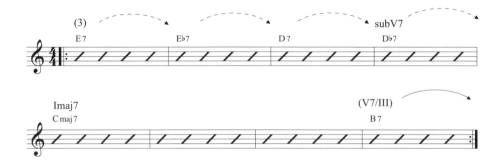

図Ⅵ-1b

このようにルートが半音で下行していく、連続するドミナントセブンスコードの進行をエクステンデッドサブスティチュートドミナント（Extended Substitute Dominant）と呼びます。また、通常のエクステンデッドドミナントの間にサブスティチュートドミナントを挟み込む、図Ⅵ-1cのような進行もしばしば見られます。

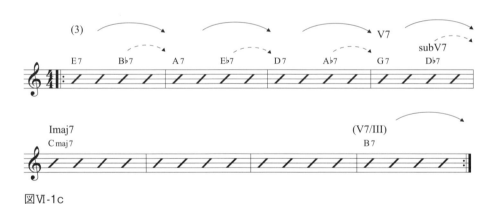

図Ⅵ-1c

この進行では、共通のトライトーンを持つふたつのドミナントセブンスが、同一のコードに対して完全五度上から、そして半音上から解決します。このような進行をインターポレイティッドエクステンデッドサブスティチュートドミナント（Interpolated Extended Substitute Dominant）と呼ぶこともあります。

2. エクステンデッドサブスティチュートドミナントとリレイティッドII-7

上述のエクステンデッドサブスティチュートドミナント、図VI-1bの譜例にリレイティッドII-7を挿入すると、図VI-2aのような進行が得られます。

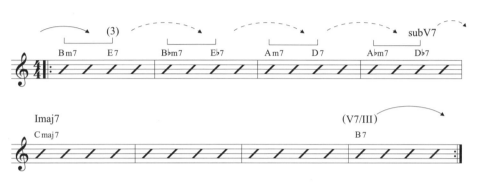

図VI-2a

この進行ではドミナントセブンスコードの間にリレイティッドII-7が挿入されるので、各サブスティチュートドミナントはルートがトライトーンの関係にあるマイナーセブンスに一旦進行し、2拍遅れて次のサブスティチュートドミナントに解決します。この進行のリレイティッドII-7を、点線の大括弧でアナライズする、サブスティチュートドミナントの半音上のマイナーセブンスコードに置き換えたのが図VI-2bです。

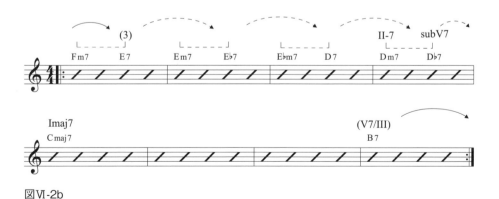

図VI-2b

この進行の場合もサブスティチュートドミナントは2拍遅れて解決しますが、ルートは常に半音で下行していきます。

続く図VI-2cは通常のエクステンデッドドミナントのリレイティッドII-7を半音上のマイナーセブンスコードに置き換えた譜例です。この場合は図VI-2a同様、セカンダリードミナントからルートがトライトーンの関係にあるマイナーセブンスに一旦進行し、遅れて次のセカンダリードミナントに解決します。

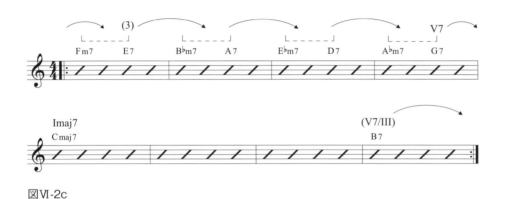

図VI-2c

3. リレイティッドII-7に解決する進行

次にドミナントセブンスコードが次のドミナントセブンスコードに解決せずに、隣接するマイナーセブンスコードに直接解決する場合を考えていきましょう。

まず譜例VI-3aはリレイティッドII-7を伴ったサブスティチュートドミナントが、直接次のリレイティッドII-7に解決する進行です。この譜例では、第一小節と第四小節がまったく同じコード進行になっています。つまりこの進行ではツーファイブを三回繰り返すことにより、ひとつのサイクルができるということが分かります。

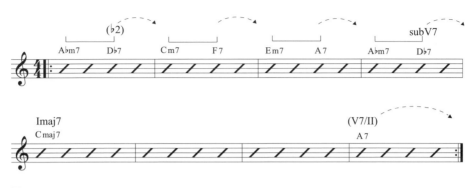

図Ⅵ-3a

次はツーファイブの代わりに半音上のマイナーセブンスを用いるパターンです。この場合はコードが変わるごとに、ルートが半音で下行していきます。

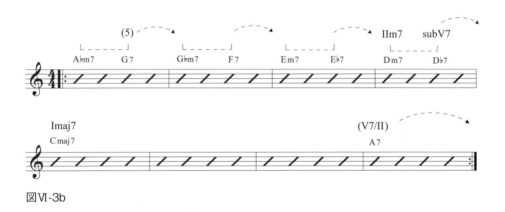

図Ⅵ-3b

最後の図Ⅵ-3cは、図Ⅵ-3bのドミナントセブンスが半音下ではなく五度下に解決し、実線の矢印でアナライズするパターンです。この場合も図Ⅵ-3a同様、ツーファイブを3回繰り返すことにより、ひとつのサイクルを作ります。

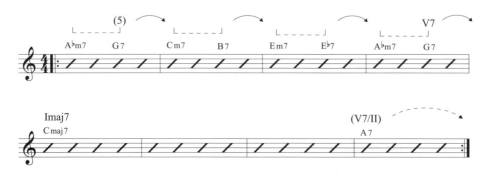

図Ⅵ-3c

　これらのエクステンデッドサブスティテュートドミナントの進行内でも、サブスティテュートドミナントのアヴェイラブルテンションは9th、♯11th、13thとして、付随するマイナーセブンスコードのアヴェイラブルテンションは9th、11thとするのが基本的な考え方です。ただこれらのエクステンデッドドミナントの発展形では非常に多くのパターンが考えられるため、テンションの付け方を一概に決定することはできません。各コードトーンの動きや解決先の調性感を考慮して、さまざまなテンションの付け方を試してみて、効果的なサウンドを見つけていってください。

練習問題

問40 連続するドミナントコードを用いて、以下の楽譜の第二小節から第四小節を埋めなさい。ただし一小節毎にルートの異なるドミナントコードを使用し、ドミナントモーションとサブスティチュートドミナントを用い、必ず各コード間は実線もしくは点線の矢印でアナライズできるようにすること。

問41 問40で作成されたコード進行の第一小節、第三小節のコードを第二小節、第四小節に先行するリレイティッドII-7と置換しなさい。ただし第一小節と第二小節、第三小節と第四小節がそれぞれ実線の大括弧でアナライズできるよう置換すること。

練習問題

問42 問40で作成されたコード進行の第一小節、第三小節のコードを第二小節、第四小節に先行するリレイティッドII-7と置換しなさい。ただし第一小節と第二小節、第三小節と第四小節がそれぞれ点線の大括弧でアナライズできるよう置換すること。加えて、問40〜42で作成された各コード進行の響きの違いを確認しなさい。

VII. ドミナント機能を持たない ドミナントセブンスコード

1. 偽終止とモーダルインターチェンジ

　第二編でドミナント、第五編ではセカンダリードミナント、そして第七編ではサブスティチュートドミナントと、ドミナントモーションについて勉強してきました。それに対し、第六編ではモーダルインターチェンジによって生じるドミナントファンクションを持たないドミナントセブンスコード（I7やVI7など）について詳しく説明してきました。これらの理論を頭に入れた上で、以下のようなコード進行をアナライズするとします。

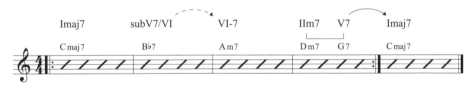

図VII-1a

　この場合、2小節目のB♭7はVI-7に進行しているので、subV7/VIと考えるのが自然ですが、では図VII-1bのようなコード進行の場合はどうでしょうか。

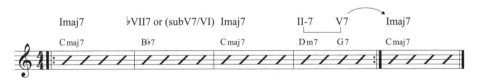

図VII-1b

　図VII-1bは図VII-1aと非常によく似た進行で、3小節目のCmaj7はAm7同様、トニックコードとしての機能を持っています。この進行では、2小節目のB♭7は以下の二通

りに解釈することができます。

解釈1.　subV7/VIの偽終止
解釈2.　エオリアンモーダルインターチェンジコードの♭VII7

　与えられた情報だけではこのコード進行の解釈について、どちらか明確な判断を下すのは難しいでしょう。
　"Imaj7→VI-7→II-7→V7という定番のコード進行を強く連想させるため、B♭7はsubV7/VIの偽終止である"と考える人もいれば、"♭VII7はモーダルインターチェンジの定番コードであり、またImaj7に直接進行しているので偽終止であるとは別に感じられない"と感じる人もいるでしょう。
　それでは次のコード進行はどうでしょうか。

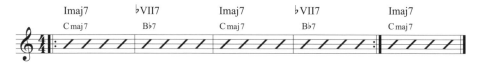

図VII-1c

　この場合、B♭7→Cmaj7の進行を一聴すると偽終止（聴き手の予想を裏切ってsubV7/VIが通常通りVI-7に解決されなかった）と感じられる可能性もありますが、二回目以降のB♭7→Cmaj7進行では、聴き手はB♭7が偽終止であると感じるよりも、♭VII7としての特色を持ったモーダルインターチェンジコードであると認識をするでしょう。
　このように前後の状況、それから聴き手の主観によって、ドミナントセブンスコードが出てきた際に偽終止なのか、それともモーダルインターチェンジなのかが決定されます。前述の例のように両方に解釈できる場合もありますので、大事なのはどちらか一方の解釈が正しいということを決定するのではなく、ひとつの進行で二通り以上の解釈が可能であるということを理解し、楽曲解析の視野を広げることです。

2. ドミナントモーションの省略

図Ⅶ-2aは非常に一般的なセカンダリードミナントの進行、V7/V→V7→Imaj7を含んだコード進行です。

図Ⅶ-2a

この進行に手を加え、V7を省くと以下のような進行となります。

図Ⅶ-2b

この場合、D7はセカンダリードミナントの偽終止と考えることもできますが、リディアンモーダルインターチェンジコードII7と解釈し、CメジャーとCリディアンの調性感が交互に行き来する音楽とも捉えることができます。またD7をセカンダリードミナントV7/Vとして捉えた場合は、オルタードテンションを使用することができますが、V7ではなくImaj7に直接進行する場合、オルタードテンションのE♭、F、B♭といった音はCメジャーキーの調性感と大きく離れた印象を聴き手に与えます（そういった特殊な効果を狙って使う場合もあります）。リディアンモードに由来するナチュラルテンションであるEやBの方が、トニックとしてのCmaj7へ直接進行する場合、よりナチュラルな響きが得られます。

今度はVII-2cの進行、subV7/V→V7→Imaj7を考えてみましょう。

図VII-2c

同様にV7を省いた進行は以下の通りとなります。

図VII-2d

　今回のケースでもA♭7をsubV7/Vの偽終止とも捉えられますが、Imaj7に直接進行しているためロクリアンモーダルインターチェンジコード♭VI7と考えられます。ただA♭7の解釈の仕方で、アヴェイラブルテンションの解釈も変わってきます。A♭7をsubV7/Vとして捉えるとテンション9thであるB♭は、Cメジャースケール上では非ダイアトニックなアヴェイラブルテンションと解釈されます。ドミナントファンクションを持たないドミナントセブンスコードと捉えると、Cロクリアンモーダルインターチェンジコードと考えられます。テンション9thであるB♭はCロクリアンスケールに含まれるため、Cロクリアンモード由来のテンションと考えることができます。Cロクリアンにダイアトニックなナチュラルテンションであるド♭はCメジャースケールに含まれているので、♭VI7がImaj7に直接進行する場合、自然なサウンドとして耳に馴染みます。A♭7をsubV7/Vと解釈する場合と、A♭7をモーダルインターチェンジコードの♭VI7と解釈する場合でのアヴェイラブルテンションの違いを示したのが図VII-2eです。

図Ⅶ-2e

　どちらか一方の考え方が正しいという訳ではないので、ひとつのコード進行に対しいろいろなアプローチを試してみて下さい。その中で理論に合わないけれども良いサウンドが見つかった際には、既存の理論にとらわれずに、ぜひ新しいアイディアを採用して下さい。

3.　半音上への進行

　次にトニックへ直接解決するドミナントファンクションを持たないドミナントセブンスコードについて考えていきましょう。まずはⅦ-3aのコード進行を見てください。

図Ⅶ-3a

　このコード進行の場合、B7はV7/Ⅲの偽終止と考えることもできますが、同時にリディアン♯2モーダルインターチェンジコードのドミナントセブンスⅦ7が半音上へ進行するとも考えられます。このリディアン♯2（Lydian ♯2）というモードは、ハーモニックマイナーの第六のモードで、Cリディアン♯2とEハーモニックマイナーは同一の構成音となっています。

図Ⅶ-3b

またメジャースケールの第六音を半音下げたハーモニックメジャー（Harmonic Major）というスケールの第六番目のモード、リディアンオーギュメント♯2（Lydian Augment ♯2）からの借用と考えることもできます。

図Ⅶ-3c

V7/Ⅲの解決先であるⅢ-7はトニックファンクションを持っており、Ⅰmaj7 (9) のルート省略形と考えることができます。つまりB7の進行先であるCmaj7はEm7と共通の構成音を持ち、非常によく似た性質のコードと言えます。つまりⅢ-7へのドミナントモーションほど強くはないものの、Ⅶ7の半音上への進行もまた一定の解決感が感じられます。

図Ⅶ-3d

またⅦ7上のテンションですが、Ⅶ7をリディアン♯2もしくはリディアン♯2オーギュメントのモーダルインターチェンジと考えると、9th（B7上ではC♯）はアヴェイラブルテンションとはなりません。ただ理論書によっては"ドミナントファンクションを持たないドミナントセブンスコード上のスケールはミクソリディアン（アヴェイラブルテンションは9th、13th）、もしくはリディアン♭7（アヴェイラブルテンション

は9th、♯11th、13th) のいずれかである"と定義されている場合もあります。アヴェイラブルテンションに関してはどちらの考え方が正しいかどうかではなく、どちらの音が楽曲に合致したサウンドを得られるかという基準で考えてみて下さい。

　同様にⅦ-3eのような例では、V7/VIがVI-7に進行せず、Ⅲ7としてIVmaj7へ半音上行するようなケースも見られます。

図Ⅶ-3e

　ただVII7→Imaj7及びIII7→IVmaj7の進行では両方とも、図Ⅶ-3fのようにコード構成音が平行五度の動きを作ってしまいます。

図Ⅶ-3f

　サブスティチュートドミナントの解説時にも触れましたが、この動きは伝統的なクラシック音楽の理論においては禁じ手とされていて、人によっては違和感を感じるかもしれません。同時に平行五度には独特の力強さがあり民族音楽やロックミュージックでは頻繁に用いられています。またクラシック音楽の分野でも印象派に分類される二十世紀初期のフランスの作曲科たちは積極的に取り入れました。良いサウンドは音楽理論よりも優先されるという意識を持って、さまざまな手法に取り組んでみてください。

4. ラインクリシェへの発展

続いて、ドミナントファンクションを持たないドミナントセブンスコードのラインクリシェへの応用を考えてみましょう。

図Ⅶ-4a

この進行ではドミナントセブンスコードの転回形が3回現れますが、いずれもドミナントモーションを作らず、またサブスティチュートドミナントとしても機能していません。しかしながら、この進行では隣接する音に進行する非常に滑らかなベースクリシェを生み出しています。このようなラインクリシェを作るために、終止しないドミナントセブンスコードが使用されることもよくあります。

第八編

ディミニッシュトコード

I. ディミニッシュトセブンスコードの基礎

1. ディミニッシュトセブンスコードを含む進行

第一編で勉強したディミニッシュトセブンスコード（°7）は短三度の規則的な積み重ねで作られる和音です。ここでは短三度の積み重ねで生じる対称性について考えていきましょう。

ディミニッシュトセブンスコードではルートと第二音の音程は短三度、ルートと第三音の音程は減五度（もしくはトライトーン）、ルートと第四音の音程は減七度となっています。減七度は長六度と異名同音（エンハーモニック、Enharmonic）の関係にあります。長六度は転回すると短三度となるため、ディミニッシュトセブンスコードは転回を行っても、最低音からの音程は短三度、減五度、減七度と、転回前と同様に規則的な短三度の積み重ねとなります。そのため、C°7の第一転回形はD♯°7またはE♭°7、第二転回形はF♯°7またはG♭°7、第三転回形はA°7となり、これらのコードは共通の構成音を持っています。

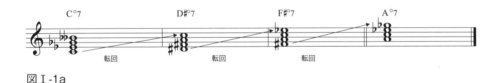

図I-1a

そのため、すべてのディミニッシュトセブンスコードはC°7、C♯°7（D♭°7）、D°7の三種類のコードのいずれかの転回形となります。

コードネーム	構成音
C°7、D♯°7、F♯°7、A°7	C、D♯、F♯、A
C♯°7、E°7、G°7、A♯°7	C♯、E、G、A♯
D°7、F°7、G♯°7、B°7	D、F、G♯、B

図Ⅰ-1b

また短三度離れたトライトーンをふたつ含んでいるというのもディミニッシュトセブンスコードの大きな特徴です。

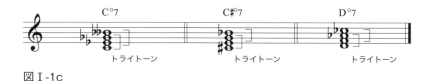

図Ⅰ-1c

本編では非ダイアトニックコードであるディミニッシュトセブンスコードの具体的な使用方法を勉強していきましょう。

2. ディミニッシュトセブンスコードの上行アプローチ

最も一般的な使われ方のひとつとしては、非ダイアトニックなルートを持つディミニッシュトセブンスが半音下からダイアトニックコードに上行するアプローチです。二つのダイアトニックコードを経過的に繋ぐパターンは、パッシングディミニッシュトアプローチ（Passing Diminished Approach、経過音的なディミニッシュトアプローチ）と言われ、非常に使用頻度が高い手法です。以下にパッシングディミニッシュトアプローチの具体的な例を示します。

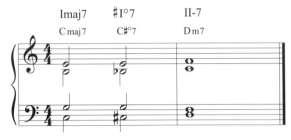

図Ⅰ-2a

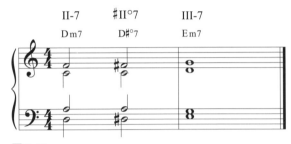

図Ⅰ-2b

図Ⅰ-2c

図Ⅰ-2d

ではなぜ非ダイアトニックであるディミニッシュトコードの半音下からのアプローチがスムーズな繋がりを作るのでしょうか。図Ⅰ-2aのC♯°7からDm7へ進行する際の各声部に注目をしてみてください。C♯°7の持つトライトーンのひとつであるC♯とGですが、C♯がDm7のルートDに下から、Gが第二音Fに上からそれぞれ解決しています。このダイアトニックコードへの解決に見覚えはないでしょうか。これはセカンダリードミナントのV7/IIからII-7への解決に非常に酷似しています。C♯°7の構成音をよく見てみると、C♯、E、G、B♭となっています。これはA7(♭9)のルート省略形と考えることができます。

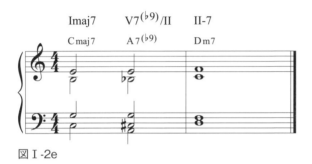

図Ⅰ-2e

図Ⅰ-2eは図Ⅰ-2aの進行で、C♯°7のルートより三度下に一音を加えたものです。このように半音下からのディミニッシュセブンスコードのアプローチはセカンダリードミナントに近いスムーズな解決感を得ることができます。またテンション♭9thはすべてのセカンダリードミナントでアヴェイラブルテンションと認められていることにも留意しておいてください。

図Ⅰ-2b～図Ⅰ-2dについても、同様に図Ⅰ-2f～図Ⅰ-2hの譜例を示しておきます。

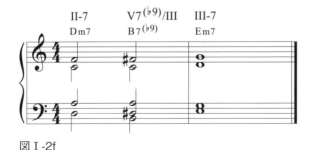

図Ⅰ-2f

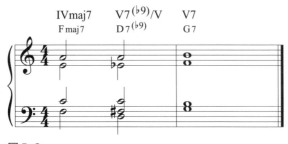

図Ⅰ-2g

図Ⅰ-2h

図Ⅰ-2iはVII-7$^{(♭5)}$に対するパッシングディミニッシュトアプローチです。他のダイアトニックコードと異なり、VIIに対するセカンダリードミナントは認められておらず、また解決先のVII-7$^{(♭5)}$は非常に不安定な響きですので、強い解決感がえられません。そのためにVII-7$^{(♭5)}$へのパッシングディミニッシュトアプローチは他のダイアトニックコードに比べて一般的には使用頻度が低くなっています。

図Ⅰ-2i

3. ディミニッシュセブンスコードの下行アプローチ

次にディミニッシュセブンスコードが半音上からダイアトニックコードに解決するパターンを考えていきましょう。セカンダリードミナントと同じ機能を持つ上行アプローチと違い、ディミニッシュセブンスコードの下行アプローチには強い解決感がありません。そのために上行アプローチに比べて目にする機会はあまり多くありません。ここではその中でも比較的使用頻度の高い♭III°7と♭VI°7を例に挙げて考えていきましょう。

図Ⅰ-3aはIII-7からII-7へのパッシングディミニッシュアプローチです。

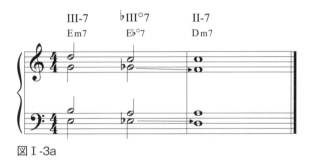

図Ⅰ-3a

ドミナントモーションの場合であれば、トライトーンがコントラリーモーション（Contrary Motion、日本語では反行と呼ばれ、片方の音が上行し、もう一方が下行する動き）で解決するのですが、上行アプローチの場合とは異なり♭III°7はV7/IIに含まれるトライトーン（C♯とG）を持っていません。この場合はE♭°7の持つふたつのトライトーン（E♭とA、G♭とC）の一方の音（E♭とG♭）のみが半音下行し、Dm7に解決しています。

図Ⅰ-3bではA♭°7のA♭がGに進行し、一方のトライトーン（BとF）はそのままG7へと受け継がれます。この進行でも♭VI°7はV7/Vに含まれるトライトーンを持っていません。

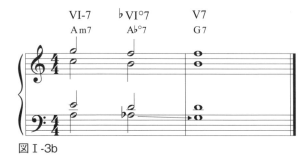

図I-3b

また図I-3cのように♭VI°7はIの転回系であるI/5（五度をベースに持つIコード）に進行し、トライトーンを順次進行で解決することもあります。ただ、いずれの♭VI°7の下行も楽曲の中で使用されることは、♭III°7の下行と比べると非常に稀です。

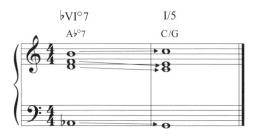

図I-3c

♭III°7、♭VI°7ともにコード構成音は♯II°7と♯V°7と同一で、同音異名の関係になっています。解決先のコードのルートが半音上（一般的に♯を付ける）か半音下（一般的に♭を付ける）かで臨時記号の付け方が異なります。

4. ディミニッシュトセブンスコードのオグジュアリーアプローチ

今まではルートがダイアトニックなコードに対して半音上行、または半音下行するパターンを勉強してきましたが、今度はルートが移動しないディミニッシュトセブンスコードのアプローチを見ていきましょう。このアプローチはおもにルートがトニックのI6やImaj7、もしくはドミナントセブンスコードであるV7に用いられます。

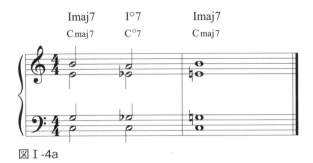

図Ⅰ-4a

　図Ⅰ-4aはImaj7からI°7へ進行し、再びImaj7へと戻るパターンです。図Ⅰ-4bは図Ⅰ-4aのImaj7をI6に置き換えたパターンです。

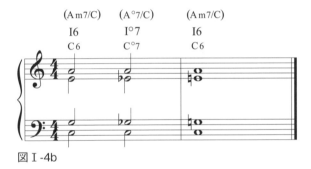

図Ⅰ-4b

　I6はVI-7の第一転回形であり、またI°7はVI°7の第一転回形ですので、六度の転回形に対するディミニッシュトアプローチと解釈することもできます。続く図Ⅰ-4cはV7からV°7に進み、再びV7に戻るパターンです。

図Ⅰ-4c

いずれの進行でも、ディミニッシュトセブンスの半音上行パターンと異なり、ドミナントケーデンスに見られる、トライトーンの反行解決は生じません。そのために、これらのディミニッシュトサウンドはモーダルインターチェンジコードのような印象を持っています。実際にI°7はハーモニックマイナースケールの第七番目のモード、オルタードナチュラルシックス（オルタードスケールの♭7を半音下げ♮6としたスケールで、Bスーパーロクリアンダブルフラットセブンやオルタードダブルフラットセブンとも呼ばれます）からのモーダルインターチェンジコードとも解釈できます。

加えて図Ⅰ-4dのように、ドミナントコードからI°7へ進行し、遅れてトニックに解決するパターンも和声進行のバリエーションとして効果的です。

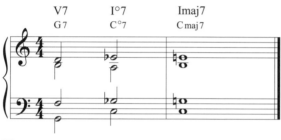

図Ⅰ-4d

このようにディミニッシュトセブンスコードが同一のルートに進行する手法を、オグジュアリーディミニッシュトアプローチ（Auxiliary Dimished Approach、補助的なディミニッシュトアプローチ）と言い、ディミニッシュトセブンスコードを使った進行ではポピュラーな手法です。

5. 転回形コードへの進行

今度はベース音がルート以外である転回形コードへのディミニッシュトアプローチを考えていきましょう。図Ⅰ-5aは♯I°7のルートがV7の5度に進行するパターンです。コードシンボルG7/Dは、Dを最低音に持つ第二転回形のG7コードを表します。またアナライズされたローマ字表記、V7/5は、ルートではなく、五度をベースに持つV7という意味になります。♯I°7はV°7の第二転回形とも考えられるので、♯I°7→V7/5の進行はV7へのオグジュアリーディミニッシュトアプローチと近いサウンドとなります。

図Ⅰ-5a

続く図Ⅰ-5bと図Ⅰ-5cはともにトニックコードの転回形への進行となります。♯Ⅱ°7、♯Ⅳ°7は共にⅠ°7と同一のコード構成音を持つため、この進行はⅠ°7からⅠへのオグジュアリーディミニッシュパターンの変化形と捉えることもできます。

図Ⅰ-5b

図Ⅰ-5c

♭Ⅲ°7がツーファイブを作るⅡ-7へ下行するパターンを図Ⅰ-3aの例で示しましたが、図Ⅰ-5dはⅡ-7を省略して直接V7の転回形に進行するパターンです。♭Ⅲ°7は♯Ⅳ°7と同じコード構成音を持つため、前述の図Ⅰ-2cの転回形とも考えられます。

図Ⅰ-5d

図Ⅰ-5eは♭Ⅵ°7からⅠの転回形へ進む進行です。♭Ⅵ°7はⅦ°7の転回形であり、またⅦ°7の構成音はG7 (♭9)のルート省略形であるため、ディミニッシュトセブンスコードの上行アプローチ同様、非常にドミナント進行に近いサウンドとなります。

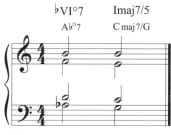

図Ⅰ-5e

練習問題

問43 以下のコード進行のアナライズを行いなさい。またスムーズなボイスリーディングが得られるように、空欄となっている各ディミニッシュトセブンスコードの構成音を五線上に書き入れなさい。

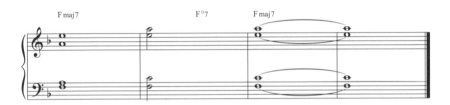

II. ディミニッシュトセブンスコードのテンション

1. 四種類のテンションノート

　非ダイアトニックコードであるディミニッシュトセブンスコードのアヴェイラブルテンションも、以前学んだテンションの法則に従います。ここで思い出していただきたいのが"いずれかの和音構成音に対して長九度（9th）音程の関係にある"というテンションの法則b.です。通常のセブンスコードであれば、第四音である七度の九度上は十五度、すなわちルートの2オクターブ上となりますが、ディミニッシュトセブンスコードの第四音である長六度の長九度上は長十四度、すなわちルートから見て長七度の音程となり、これはテンションノートとなります。この長十四度のテンションは、一般的にはテンション14thではなく、テンションM7th（メジャーセブン、メジャーセブンス）と呼ばれます。

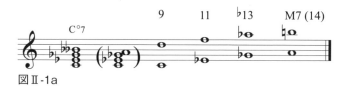

図II-1a

　よって、ディミニッシュトセブンスコードの各コードトーンの長九度上の9th、11th、♭13th、M7thの四種類のテンションにアヴェイラブルテンションとなる可能性があります。

2. 各ディミニッシュトセブンスコードのテンション

　ここでは前章で取り上げた、Cメジャーキー内での各ディミニッシュトセブンスコードのアヴェイラブルテンションを具体的に考えていきましょう。ここでは簡略化のため、B♯、E♯、C♭、F♭、𝄪や♭♭の使用は極力避けるようにします。

まずはI°7であるC°7について考えていきましょう。まず法則b.により、使用可能テンション候補は9th、11th、♭13th、M7th、即ちD、F、A♭、Bの四音に絞り込むことができます。次に"キーに対してダイアトニックである"という法則a.から、Cメジャーキーに属しているD、F、BがI°7であるC°7のアヴェイラブルテンションとなることが分かります。

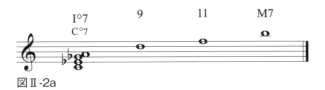

図Ⅱ-2a

同様にC°7と同じコード構成音を持つ他のディミニッシュトセブンスコードとアヴェイラブルテンションとの関係をテンションの法則によって導きだすと、図Ⅱ-2b〜図Ⅱ-2dのようになります。

図Ⅱ-2b

図Ⅱ-2c

図Ⅱ-2d

以上のようにI°7と構成音が同じコードのアヴェイラブルテンションの音高は共通しているという特徴があります。次にI♯°7、それから同一のコードトーンを持つV°7をみていきましょう。

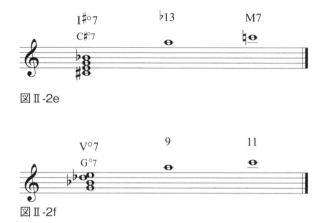

図Ⅱ-2e

図Ⅱ-2f

　これらのコードも共通の音高のアヴェイラブルテンションを持ちます。最後に♯V°7と♭VI°7についてもテンションの法則を当てはめると、以下のようなアヴェイラブルテンションが導きだされます。

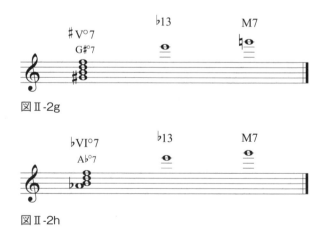

図Ⅱ-2g

図Ⅱ-2h

　このように、同じコードトーンを持つディミニッシュトセブンスコードはルート

によらず共通のアヴェイラブルテンションを持つということが分かります。これはディミニッシュトセブンスコードの持つ対称性によって生じる特徴のひとつです。

3. オクタトニックスケール

　今度はディミニッシュトセブンスコードから成り立つ、非常に興味深いサウンドを持つオクタトニックスケールについて解説していきます。先ほどは調性を考慮に入れてアヴェイラブルテンションを導きましたが、今回は調性を無視してC°7にテンションを機械的に加えていきましょう。"いずれかの和音構成音に対して長九度（9th）音程の関係にある"というテンションの法則b.によって得られる四音はD（9th）、F（11th）、A♭（♭13th）、B（M7th）で、この四音から成り立つコードはDディミニッシュトセブンスコードになります。

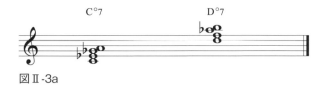

図Ⅱ-3a

　次にこれらふたつのコード、C°7とD°7の構成音を、Cを基準にして並べていくと、図Ⅱ-3bのようなスケールが生成されます。

図Ⅱ-3b

　こうしてできるスケールを一般にオクタトニックスケール（Octatonic Scale、八音階）と呼びます。またその規則性、対称性からシンメトリックディミニッシュトスケール（Symmetric Diminished Scale、対称的な減音階）とも呼ばれています。ロシアの古い民族音楽にはオクタトニックスケールが用いられており、十九世紀後半からはクラシック音楽に積極的に取り入れられるようになりました。

このスケールは、七音のメジャースケール、マイナースケールやその派生モードと異なり、八音を含む音階です。また全音と半音を交互に繰り返す規則性を持っています。そのため図Ⅱ-3bを見れば分かる通り、CオクタトニックスケールとE♭、G♭、Aオクタトニックスケールは共通のスケール構成音を持っています。即ち、スケール構成音の違いに関して言えば、オクタトニックスケールは三種類しか存在しません。以下の図Ⅱ-3cにその関係を示しておきます。

スケールの第一音	共通のスケール構成音
C、E♭、G♭、A	C、D、E♭、F、G♭、A♭、A、B
D♭、E、G、B♭	D♭、E♭、E、F♯、G、A、B♭、C
D、F、A♭、B	D、E、F、G、A♭、B♭、B、C♯

図Ⅱ-3c

　オクタトニックスケールは、現代音楽に見られるような、通常のコード進行を逸脱した非調性音楽の旋律や、即興演奏などで多く使われています。ディミニッシュトセブンスコード上での使用については、後述するコードスケールの編（第十編）で詳しく説明することにします。

　また、このオクタトニックスケールは全音→半音→全音→半音…という並びですが、その順序を入れ替え、半音→全音→半音→全音とすると以下の図Ⅱ-3dのようなスケールが得られます。

図Ⅱ-3d

　このスケールも前述のスケール同様、オクタトニックスケールと呼ばれますが、この半音スタートのオクタトニックスケールはディミニッシュトセブンスコードと、その半音上のディミニッシュトコードの組み合わせから成り立っています。

図Ⅱ-3e

　C°7と半音スタートのCオクタトニックスケールを比べた図Ⅱ-3fを見て下さい。このスケール構成音はC°7の構成音とその半音上の音高、即ちテンションの法則b.を満たさない音高で成り立っていますが、下行するパッシングトーンやネイバートーンとして有効なスケールトーンを持っています。

図Ⅱ-3f

　今度はC7と半音スタートのオクタトニックスケールの関係を示した図Ⅱ-3gを見て下さい。

図Ⅱ-3g

　この図から半音スタートのオクタトニックスケールはC7の構成音と、ドミナントセブンコード上でアヴェイラブルテンションとなる可能性のある♭9th、♯9th、♯11th、13thで構成されていることが分かります。このような理由から半音スタートのオクタトニックスケールはドミナントセブンスコードと相性が良く、しばしばドミナントコード上で使用されます。そのため半音スタートのオクタトニックスケールは、全音スタートのオクタトニックスケールであるシンメトリックディミニッシュスケールと

対比して、シンメトリックドミナントスケール（Symmetric Dominant Scale）と呼ばれることもあります。

　また日本では、全音スタートのシンメトリックディミニッシュスケールを"ディミニッシュスケール"、半音スタートのシンメトリックドミナントスケールを"コンビネーションオブディミニッシュスケール"（略してコンディミ）として、区別して呼称することもあるようです。本書ではシンメトリックディミニッシュスケール、シンメトリックドミナントスケールという呼称を使用します。

　これらのコードとスケールの関係は後の編で詳しく説明していきます。

練習問題

問44 以下のコード進行のアナライズを行いなさい。また各ディミニッシュトセブンスコードのアヴェイラブルテンションをすべて五線上に書き込みなさい。ただし、臨時記号は使わないものとする。

問45 以下のオクタトニックスケールを五線上に書きなさい。

Fシンメトリックディミニッシュトスケール

B♭シンメトリックドミナントスケール

F♯シンメトリックドミナントスケール

D♯シンメトリックディミニッシュトスケール

III. ブルース進行による ディミニッシュコードの使用例

1. モーダルインターチェンジによるブルース進行のアナライズ

　ブルース進行とは、ジャズやポピュラー音楽の基礎となっている非常に重要な12小節のコード進行です。I7をトニックとした特徴的な調性感を持っているため、ブルースは通常の和声とは異なる別のアナライズの方法が必要だと考えられることもあるようですが、ここでは第六編で勉強したモーダルインターチェンジコードによってブルースとその発展形のアナライズを行っていこうと思います。

　まず、最も基本的なブルースの進行をCメジャーキーで考えていきましょう。

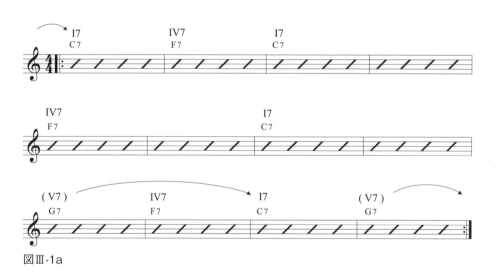

図III-1a

　図III-1aは最も基礎的なブルース進行です。12小節ひとまとまりのブルース進行ですが、さらに図で三段に分けられたように、4小節のフレーズ3つに分けられます。
　まずは第一小節のC7ですが、これはCミクソリディアンからのモーダルインターチェンジコードI7で、トニックとしての機能を持っています。IV7はCドリアンのモーダルインターチェンジコードで、サブドミナントの機能を果たしています。ブルース

進行では二段目のフレーズの頭となる第五小節目の強拍に置かれ、新しいフレーズを作り出す働きをしています。九小節目からは十一小節目のI7に対する（途中IV7をはさんだ一小節遅れの）ドミナントケーデンスが作られます。十二小節目では再びI7に対するドミナントケーデンスが作られています。

　このようにブルース進行ではドミナントコードでありながらI7がトニックコードとして機能するように、ハーモニックリズムの中で強いアクセントの付いた奇数小節目に置かれたり、I7に対するケーデンスが作られたりしています。第二小節目や第五小節目がIV7となっているので、直前のC7はV7/IVの偽終止と考えられてしまいがちですが、ブルース進行でI7の持つ強いトーナリティのため、ケーデンスではなく、I7とIV7はそれぞれ独立していると考えられます。

2.　ディミニッシュトセブンスコードを使用したジャズブルースの例

　今度はより複雑なコード進行が含まれているジャズブルース（Jazz Blues）のアナライズを行っていきましょう。ジャズブルースとはブルースを基礎としながらも、近現代のジャズミュージシャンによって進行やケーデンスをより音楽的になるように発展させた進行で、いくつものパターンが存在します。まずは上記のブルースの基礎的な解説をもとに、図Ⅲ-2aの譜例をアナライズしてみてください。

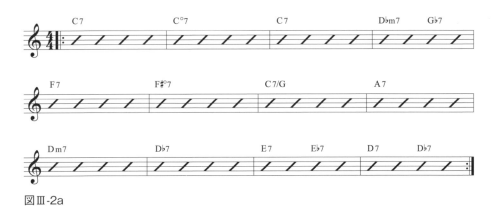

図Ⅲ-2a

　この譜例も、C7をトニックとする12小節のまとまりで、5小節目にサブドミナントが置かれ、C7に対するケーデンスが多数見られるなど、大きな枠組みでは図Ⅲ-1aと

変わりませんが、進行は複雑なものになっています。

　まずは第二小節目に見られるC°7がF7の代わりに使われているのが分かります。これはオグジュアリーディミニッシュの役割を果たしています。二段目のF7に進む際にはサブスティチュートドミナントのツーファイブが置かれ、図Ⅲ-1aとは異なり、明確なケーデンスが作られています。第六小節目のF♯°7はⅣとⅤを繋ぐ♯Ⅳ°7の役割を持ちますが、Ⅴには進まずにⅠ7の転回形であるC7/Gに進行します。第八小節から第九小節にかけては、Ⅱに対するセカンダリードミナントのA7がDm7に解決し、その後に半音下のサブスティチュートドミナントであるD♭7に進行します。このsubV7は第一小節目のⅠ7に二小節遅れて解決します。第十一小節からは非常に短いですが、エクステンデッドサブスティチュートドミナントが作られて、第一小節のⅠ7に解決するようになっています。

　これらのアナライズをしたのが図Ⅲ-2bになります。

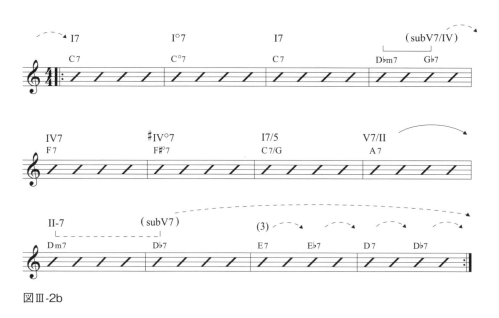

図Ⅲ-2b

　ブルース、ジャズブルースは、それだけで本が一冊書けるだけの多くのパターンがあり、さまざまなテンションの付け方を含む奥深い和声で成り立っています。ここでは、モーダルインターチェンジを基礎とした和声論で説明するに止めておきます。

練習問題

問46 以下ブルースのコード進行をアナライズしなさい。

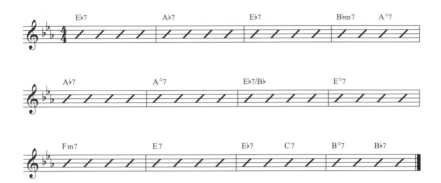

第九編

転調

I. 転調の基礎

1. 転調のアナライズ

曲中で旋律、和声のトーナリティが移行し、別の調へと移り変わることを転調（Modulation）と呼びます。エクステンデッドドミナントを除き、今までは単一の調性内での和声を勉強してきましたが、ここでは曲中でトーナリティが変化する場合を考えていきます。

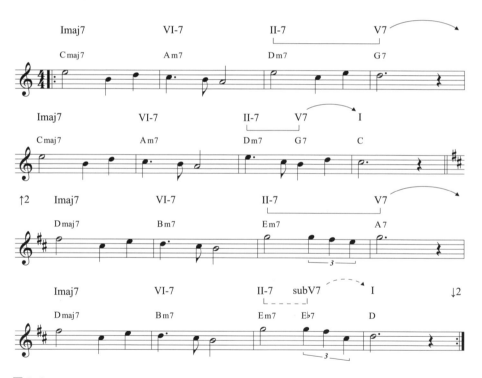

図 I-1a

図Ⅰ-1aはCメジャーキーからDメジャーキーへの非常に短くシンプルな転調の例です。第九小節で調号に♯がふたつ足され、CメジャーキーからDメジャーキーに変わっていることが分かります。転調をアナライズする際には、矢印の↑もしくは↓と数字を組み合わせて使います。この例の場合、トーナリティがCからDへ長二度音程上に移行しているので↑2と表記します。トーナリティが長音程、もしくは完全音程の際には矢印と数字のみで表記しますが、短二度や短三度移行する場合はマイナーを表す-や♭を数字の前に付け、↑-2や↓♭3と表記します。トライトーンの場合は↑+4（♯4）や↑-5（♭5）、↓+4（♯4）や↓-5（♭5）などの表記を使います。転調する際の主音の移動は↑+4〜↓+4の範囲に収まるので、↑5や↓-7といった+4もしくは-5を超える音程の表記は用いず、代わりに↓4や↑2が使用されるのが一般的です。

　また厳密に言えば、短二度や長三度ではなく、増一度や減四度の転調となる場合（例えばD♭からDへの転調など）があります。その際には+1や-4といった数字を使わずに、エンハーモニック（同音異名）な音程である-2や3といった表記となることが一般的です。

2.　一時的なトーナリティの変化

　今度は次ページの図Ⅰ-2aの譜例とそのアナライズを見てください。ここでは三段目でE♭メジャーキーへの転調が起きているという解釈がなされています。八小節目のsubV7/VIが新しいトニックであるE♭maj7へと偽終止し、十二小節目のsubV7/IVが新しいキーであるCメジャーキーのII-7に偽終止しています。

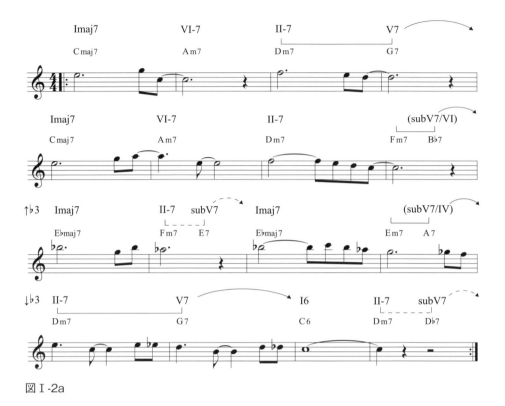

図Ⅰ-2a

　図Ⅰ-2aのように非ダイアトニックコードによる進行を転調としてアナライズするのは非常に容易ですが、そうすることによって転調前後の和声の繋がりの説明が不鮮明になってしまうこともあります。

　次に別の視点からのアナライズ例である図Ⅰ-2bを見てください。

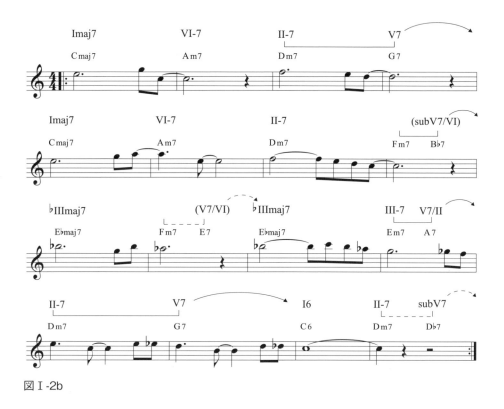

図Ⅰ-2b

　ここでは一聴すると、新しいトーナリティが確立されたように感じられるE♭maj7をモーダルインターチェンジコード♭IIImaj7と解釈し、十小節目、十二小節目のケーデンスもそれぞれCメジャーキー内でのセカンダリードミナントとアナライズしています。こちらのアナライズの方が九から十二小節目とその他の小節との和声的繋がりが、より鮮明になっています。

　このように短い期間で一時的にトーナリティが変化した印象を聴き手に与えながらも、同一調性内の進行とアナライズできる場合には、転調としない解釈が一般的です。この例で見られるような、聴き手に転調と錯覚させるような手法をインプライドモジュレーション（Implied Modulation、暗示的転調）と呼びます。

練習問題

問47 以下の転調を含む楽譜の第一小節、及び転調する箇所に適切な調号を書き入れ、コード進行のアナライズを行いなさい。

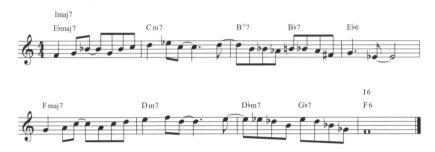

Ⅱ. いろいろな転調の方法

1. ダイレクトモジュレーション

あるキーのダイアトニックコードから、直接他のキーのダイアトニックコードに転調することを、ダイレクトモジュレーション（Direct Modulation、直接転調）といいます。

最も一般的な例は、P.236で例として示された図Ⅰ-1aのような、トニックコードへの終止（第八小節、第十六小節）から別のキーのダイアトニックコードへ直接転調するパターンです。ポピュラーミュージックの最後の盛り上がりの部分で、半音、もしくは全音上のキーへの転調する際に、トニックコードからのダイレクトモジュレーションはしばしば使われます。

2. 平行パターンのダイレクトモジュレーション

今度はダイレクトモジュレーションのI-1a以外のパターンを考えていきましょう。図Ⅱ-2aの例を見てください。

図Ⅱ-2a

この四小節のコードとメロディが曲の途中で現れる場合を考えてみましょう。ここでもダイレクトモジュレーションにより、CメジャーキーからEメジャーキーへと転調しています。Eメジャーキーへ移調後は直前二小節と等しいコード進行、それから非常によく似たメロディが繰り返されています。このように平行なパターンを並べて、トーナリティを移動させるというダイレクトモジュレーションはよく見られます。ちなみにこの場合のG7は、Emaj7に対するドミナントとしての機能を持っておらず、未解決のまま新しいトーナリティが確立されます。

3. ピボットコードモジュレーション

　次にピボットコード（Pivot Chord）を用いた転調について説明していきます。ピボット（Pivot）とは旋回の軸という意味で、バスケットボールでのピボット（接地した片足を軸足にして、もう一方の足を動かすステップ）と同じ意味を持っています。ピボットコードとは異なるふたつのキーで、それぞれのコード機能を持つ和音のことを言います。例えば、Dm7はCメジャーキーでII-7としての役割を持っていますが、B♭メジャーキーではIII-7として解釈されます。他にも、CメジャーキーにおいてCmaj7はトニックのImaj7となりますが、Gメジャーキーではサブドミナントの IVmaj7となります。異なるふたつのキーで別のアナライズがされるピボットコードを軸として、トーナリティを移行させることをピボットコードモジュレーションと呼びます。

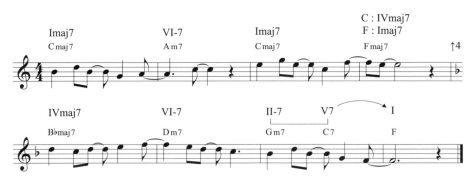

図II-3a

図Ⅱ-3aはFmaj7をピボットコードとして転調した例です。四小節目のFmaj7はキーがCではⅣmaj7となりますが、キーがFメジャーの場合はⅠmaj7となります。ピボットコードのFmaj7はふたつのキーで異なる解釈がされるために、この図のようにコロン:を用いて、両方のキーでアナライズをします。今回はピボットコードのあと、すぐにCメジャーキーに対して非ダイアトニックのB♭maj7が出てきたので、五小節目以降はFメジャーキーでアナライズしましたが、両キーのダイアトニックコードが続く場合など、コード進行によっては両方のキーによるアナライズが数小節続くこともあります。

短い楽譜の例では、セカンダリードミナントやモーダルインターチェンジを交え、Cメジャーキーのみでアナライズを進めても良いのですが、八小節目でFに終始し、繰り返し記号もなく、Cメジャーキーに戻らないので、ここでは転調としました。

このようにピボットコードモジュレーションはダイレクトモジュレーションと異なり、トーナリティの変化が緩やかに感じられます。

4. ピボットコードのアヴェイラブルテンション

アヴェイラブルテンションはキーに依存するというテンションの法則を以前学習しましたが、ふたつのキーを行き来するピボットコードのアヴェイラブルテンションをここでは考えていきましょう。

例えばEm7ですが、これはCメジャーキーではⅢ-7、DメジャーキーではⅡ-7となります。Ⅱ-7ではテンション9thは使用可能ですが、Ⅲ-7ではアヴェイラブルテンションとして認められていません。ここでピボットコードモジュレーションの特徴を考えてみましょう。ピボットコードはふたつの異なるキーで機能するコードですので、ピボットコードが登場したその瞬間には、聴き手はトーナリティの変化を感じることはできません。ピボットコードに続く別キーでのコード進行があって初めて転調が感じられます。そのためピボットコードがふたつのキーでアナライズされる場合、アヴェイラブルテンションは転調前のキーに依存します。つまり、CメジャーキーからDメジャーキーへのEm7を使ったピボットコードモジュレーションの場合、このEm7での使用可能テンションはⅢ-7のアヴェイラブルテンション、即ちテンション11thのみとなります。

図Ⅱ-4a

逆にDメジャーキーからCメジャーキーに転調する場合は、転調が確立する前のピボットコードEm7はⅡ-7とみなされ、アヴェイラブルテンションはテンション9thとテンション11thの両方となります。

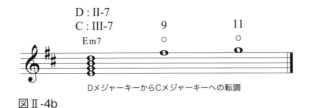

図Ⅱ-4b

図Ⅱ-3aの譜例では、四小節目のFmaj7の使用可能テンションはⅣmaj7のアヴェイラブルテンションである9th（G）、♯11th（B）、13th（D）となります。ただ転調以降のFはⅠとみなされるため、八小節目のⅠで♯11th（B）は注意が必要なテンションとなります。

練習問題

問48 問47の譜例に現れる転調の種類は、ダイレクトモジュレーション、ピボットコードモジュレーションのどちらに該当するか回答しなさい。

問49 以下の転調を含むコード進行のアナライズを行いなさい。また、この譜例に現れる転調の種類は、ダイレクトモジュレーション、ピボットコードモジュレーションのどちらに該当するか回答しなさい。

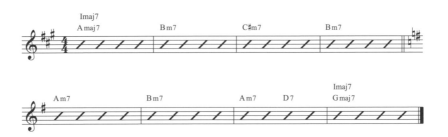

III. ドミナントコードを用いた転調

1. プライマリードミナントからの転調

ドミナントコードの解決によって作り出される強いトーナリティは、転調においても非常によく利用されます。ここではドミナントコードを用いたさまざまな転調の手法を学習していきましょう。

まずはプライマリードミナントであるV7を用いた転調から説明していきます。図III-1aはメジャーキーのV7がパラレルマイナーキーのトニックに偽終止するパターンです。

図III-1a

パラレルマイナーからパラレルメジャーへの進行も同様によく見られます。この場合のV7はピボットコードとも解釈できるため、テンションを付加する際には、転調前のトーナリティに従うのが一般的です。

続く図III-1bはV7が半音下のルートを持つコードに偽終止をして、新しいトーナリティを確立するパターンです。これは第七編で勉強したsubV7の応用的な使い方です。

図III-1b

CメジャーキーでG7はV7として機能しますが、F#メジャーキーではsubV7としての役割を果たしていることに留意して下さい。

2. セカンダリードミナントを用いた転調

　セカンダリードミナントは一時的に対象のダイアトニックコードをトニックに見立てて解決するというテクニックでしたが、ここではドミナントコードの解決先を新しいキーのトニックとして転調するパターンを説明していきます。

　図Ⅲ-2aはCメジャーキーのV7/Ⅱが偽終始する進行です。このパターンでは、セカンダリードミナントのA7がDメジャーキーのプライマリードミナントとして機能し、そのまま新しい調性感を作り出しています。

図Ⅲ-2a

　図Ⅲ-2bはセカンダリードミナントのA7がA♭メジャーキーのsubV7として新しいトニックを作り出すパターンです。

図Ⅲ-2b

　以上のように、セカンダリードミナントは二種類のメジャーキーのトニックに対してケーデンスを作ることができます。マイナーキーへの転調についても基本的には同様な考え方をすることができます。ただ図Ⅲ-2aの場合はメジャーコードに解決していますが、この進行がA7からDm7へ解決するパターンですと通常のセカンダリード

ミナントと同一の進行となるため、一聴して新しいトーナリティを確立したように感じさせるのは難しいかも知れません。CメジャーキーからDマイナーキーへの転調にV7/IIを用いる際には前後のコード進行やハーモニックリズムに工夫が必要です。

V7/II以外のセカンダリードミナントを用いた転調の例も以下同様に示します。

図Ⅲ-2c

V7/IIの場合と同様、V7/IIIからマイナーキーに転調する際には通常のセカンダリードミナントと同一の進行となることに留意して下さい。

図Ⅲ-2d

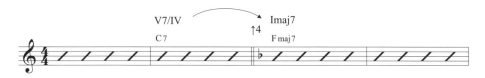

図Ⅲ-2e

図Ⅲ-2eのようにV7/IVからメジャーキーへの転調は、通常のセカンダリードミナントと同一の進行となります。またV7/IVからマイナーキーへ転調する際には、モーダルインターチェンジコードIV-7への偽終止とも捉えられるので、前後のコード進行に工夫が必要です。

図Ⅲ-2f

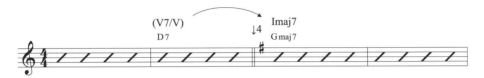

図Ⅲ-2g

図Ⅲ-2h

　図Ⅲ-2hのような場合、V7/Vの解決先は代表的なモーダルインターチェンジコードとして頻繁に使われる♭Ⅱmaj7となるので、転調後に新しいトーナリティを強調するようなコード進行でない場合は、同一調性内に留まっているように感じられます。

図Ⅲ-2i

図Ⅲ-2j

　図Ⅲ-2jの場合も、図Ⅲ-2hと同様、V7/VIの解決先が代表的なモーダルインターチェンジコードとして頻繁に使われる♭IIImaj7となります。

3. サブスティテュートドミナントを用いた転調

　次にサブスティテュートドミナントを用いた転調について考えていきましょう。図Ⅲ-3aはsubV7の転調の例です。ここではsubV7がもとのキーのIへ解決せずに、ドミナントケーデンスを作り、subV7から完全五度下に新しいトーナリティを確立しています。

図Ⅲ-3a

　同様にI以外に解決するsubV7の用例もみていきましょう。図Ⅲ-3bはsubV7/IIが半音進行で偽終止し、新しい調性感を作り出しています。

図Ⅲ-3b

図III-3cは半音進行せずにドミナントケーデンスを作り、新しいトーナリティを確立する例です。ただし♭VImaj7も代表的なモーダルインターチェンジコードです。

図III-3c

セカンダリードミナント同様、それぞれのサブスティチュートドミナントも二種類のメジャーキーのトニックに対してケーデンスを作ることができます。マイナーキーに関しても同様、二種類のマイナーキーのトニックに対するケーデンスが考えられます。以下、頻出のサブスティチュートドミナント、subV7/IV、subV7/Vについても用例を示します。

図III-3d

図III-3dの場合、通常のsubV7/IVの解決と同一のコード進行となります。

図III-3e

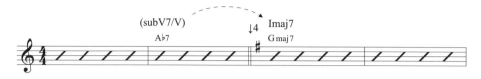

図Ⅲ-3f

図Ⅲ-3g

　♭Ⅱmaj7もまた、図Ⅲ-3cの♭Ⅵmaj7と同様に頻出のモーダルインターチェンジコードとなります。

　以上から、セカンダリードミナントを用いたケーデンスとサブスティチュートドミナントを用いたケーデンスの応用だけで、ひとつのキーから他のすべてのキーへと転調が可能であることが分かります。

4.　♭Ⅶ7を用いた転調のアプローチ

　これまではドミナントコードのケーデンスを利用した転調について解説をしてきましたが、ここではケーデンスを用いない転調の手法を紹介します。まずは図Ⅲ-4aのコード進行を見て下さい。一見G7とAmaj7との間に何の繋がりもなく、ダイレクトモジュレーションが起きているかのように見えますが、実際にこのコード進行を聴いていみると、多少の調性の跳躍感はありますが、スムーズな転調ができていることが分かります。

図Ⅲ-4a

　V7からⅥ-7への偽終止は非常に一般的な進行で、これをレラティブマイナーで考えると♭Ⅶ7からI-7への進行となります。即ち図Ⅲ-4aの進行は♭Ⅶ7からトニックI-7への進行のI-7をトニックメジャーであるImaj7に置き換えたものと解釈できます。また、このG7をCメジャーキーとAメジャーキーを繋ぐピボットコードと解釈すれば、CメジャーキーではV7、AメジャーキーではAエオリアンからのモーダルインターチェンジコード♭Ⅶ7という説明をすることができます。

　図Ⅲ-4bはこの転調の手法をセカンダリードミナントに応用したもので、解決先のトニックコードF♯maj7とセカンダリードミナントであるE7がImaj7と♭Ⅶ7の関係となっています。

図Ⅲ-4b

　また、図Ⅲ-4cは♭Ⅶ7を用いた転調のアプローチをサブスティチュートドミナントに応用したものです。

図Ⅲ-4c

5. トランジショナルモジュレーション

　セカンダリードミナントやサブスティチュートドミナントの発展形として、エクステンデッドドミナントを以前学習しましたが、ここではそういったドミナントの連続による転調のパターンを説明していきます。図Ⅲ-5aの譜例はドミナントが完全五度下、もしくは半音下に次々と解決していく進行の例です。

図Ⅲ-5a

　まずV7であるG7が半音下のドミナントコードF♯7に偽終止をし、そこからB7へドミナントモーションを作ります。さらにB7がBm7をはさんで、B♭7へ遅れて半音で解決し、最終的にはB♭7がsubV7として新しいトニックコードであるAmaj7へと解決しています。エクステンデッドドミナントの場合もそうでしたが、ドミナントケーデンスやドミナントの半音進行が連続する場合にはトーナリティは常に移り変わり続け、ドミナントコード以外のコードに解決した際の最初のコード（リレイティッドII-7を除く）がトニックコードとなります。このようにドミナントモーションやサブドミナントを連続させ、最終解決先をトニックコードとする転調の方法をトランジショナルモジュレーション（Transitional Modulation、過渡的転調）と呼びます。

　続く図Ⅲ-5bの例も同様に、転調までにトーナリティが次々と移り変わるパターンです。ただしこの場合はドミナントモーションではなく、平行するツーファイブが細かい移調を繰り返しながら進行するパターンです。

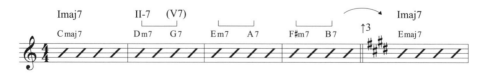

図Ⅲ-5b

この場合も転調先のトーナリティを決定するのは、最終解決先のコードEmaj7です。例えばこのパターンを延長して、もう二小節加え、最後のドミナントコードがサブスティチュートドミナントとして半音下へと解決すれば、図Ⅲ-5cのように転調先はDメジャーキーとなります。

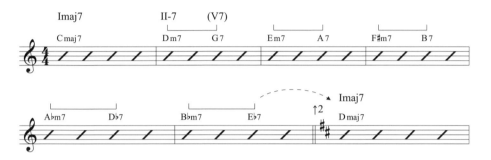

図Ⅲ-5c

このように転調までに過渡的な調性感のプロセスをたどる場合、転調先のキーはパターンの最後のケーデンスのみによって決定されます（上記の例のような一定のコード進行パターンの連続については、第十一編で改めて解説を行います）。

転調全般に言えることですが、トランジショナルモジュレーションを自然な進行による転調に感じさせるためには、エクステンデッドドミナント同様、ハーモニックリズムが重要なファクターとなります。

練習問題

問50 以下の転調を含む楽譜の第一小節、及び転調する箇所に適切な調号を書き入れ、コード進行のアナライズを行いなさい。

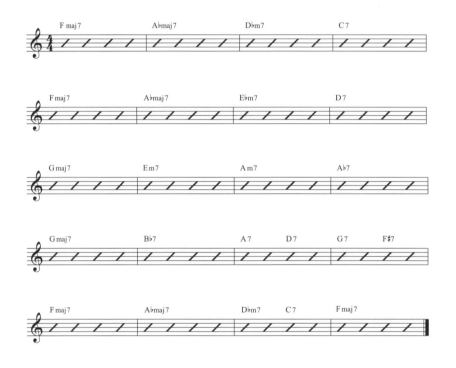

第十編

コードスケール

I. メジャーキーにおけるコードスケール

1. メジャーダイアトニックコードスケール

各コード上でメロディとして使用可能な音階をコードスケール（Chord Scale）と言います。コードスケールの理論は作曲やインプロヴィゼーション（Improvisation、即興演奏）などでコード進行に合わせてメロディを作る際に非常に役立ちますので、ぜひマスターしておきましょう。

図Ⅰ-1aで示される非常にシンプルなコード進行を例に、各コード上で使用可能なコードスケールの導き方を説明していきます。

図Ⅰ-1a

第一小節のImaj7上で使用可能なスケールを考えていきましょう。まずC、E、G、Bの四音はコードトーンであるから、これらの音はコードスケールの構成音となります。次にImaj7のアヴェイラブルテンションであるD（9th）とA（13th）もコードスケール構成音となります。こうしてできた音階は六音で、西洋音楽で用いられる通常の七音階には一音足りません。そのため、この六音以外でCメジャーキーに対してダイアトニックであるFを加えます。これらの音を、Cを基準として並べると図Ⅰ-1bのようになり、Imaj7であるCmaj7のコードスケールはCメジャースケール（Cイオニアンスケール）となることが分かります。図Ⅰ-1bのTはテンション、Sはスケール構成音を表します。

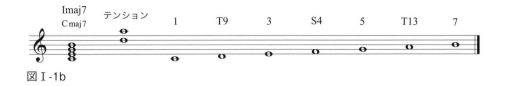

図Ⅰ-1b

　コードトーンでもアヴェイラブルテンションでもないコードスケール構成音（上の例ではF）はアヴォイドノート（Avoid Note、避けるべき音）と呼ばれ、他のスケール音と違い、和声的に合致しない音と考えられています。特に長い音符のアヴォイドノートが使われた時には、聴き手は間違った音が演奏されているように認識してしまうことがあります。ただアヴォイドノートが経過音や装飾音として旋律に使われる際には問題ありません。あくまでもメロディを作る上で注意をすべき音として捉えてください。

　Imaj7上のコードスケールがメジャースケールになるというのは、一見ごく当たり前のように感じられますが、このようにコードスケールを導き出すプロセスは後に非常に大事なものになっていきます。自力でコードスケールが導出できるようになれば、各コードに対応するコードスケールを丸暗記する必要もありませんので、この手順はしっかりと覚えておいて下さい。

　次にⅥ-7であるAm7のコードスケールを導き出しましょう。Imaj7の場合と同様に、コードトーンA、C、E、GとアヴェイラブルテンションのB、DにダイアトニックノートのF（アヴォイドノート）を加えてできるのが図Ⅰ-1cで、これはAマイナースケール（Aエオリアンスケール）となります。

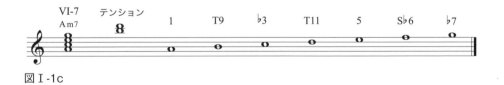

図Ⅰ-1c

　同様にDm7の場合、コードトーンはD、F、A、Cの四音、アヴェイラブルテンションはE（9th）とG（11th）です。13thであるBはコードトーンのFとトライトーンを作ってしまい、Ⅱ-7のアヴェイラブルテンションと認められていないため、Bはアヴォイドノートとなります。これらを足し合わせると、Cメジャースケールの派生モ

ードであるDドリアンスケールとなります。

図Ⅰ-1d

次の例G7は、コードトーンがG、B、D、Fの四音、アヴェイラブルテンションがA、Eの二種類で、Cがアヴォイドノートとなります。これらの音で構成されるスケールはGミクソリディアンスケールとなります。

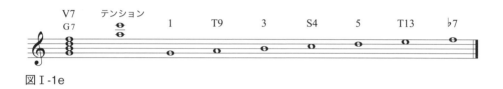

図Ⅰ-1e

各コード上でコードスケールを導きだす際には以下の二点に注意して下さい。まずコードスケールの第一音はコードのルートと同一です。CイオニアンスケールとDドリアンスケールは同一のスケール構成音を持っていますが、対象となるコードのルートによって異なる第一音を選ぶ必要があります。そうすることで、コードとスケールの関係がより分かりやすくなります。

次に注意すべき点としては、コードスケールはメジャーセブンスやドミナントセブンスのようなコードの種類ではなく、Imaj7やV7といったコード進行上での役割によって決定されるということです。上の例では、同じマイナーセブンスコードであるAm7とDm7ですが、Ⅵ-7かⅡ-7かで使用できるスケールがエオリアン、ドリアンと異なります。

上記の方法によってCメジャーキーのダイアトニックコードについてコードスケールを導きだすと、図Ⅰ-1f〜図Ⅰ-1lのようになります。

図Ⅰ-1f

図Ⅰ-1g

図Ⅰ-1h

図Ⅰ-1i

　IVmaj7のコードスケールであるリディアンにはアヴォイドノートがないのが特徴となっています。ただしV7/IVからIVmaj7へ進行する場合は、セカンダリードミナントの解決先がメジャーセブンスコードということもあり、一時的に完全四度上に転調したという印象を聴き手に与えるため、IVmaj7のテンション♯11が違和感を感じさせることもあります。そのためにセカンダリードミナントV7/IVからIVmaj7の進行する時にはリディアンではなく、イオニアンがあえて使われる場合もあります。

　また、IVmaj7からモーダルインターチェンジコードのIV-7に進行するパターンの際にも、モーダルインターチェンジコードとの自然な繋がりを作るためにリディアンではなくあえてイオニアンが使われることもあります。

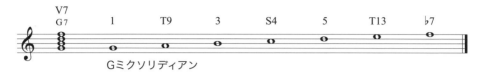

図Ⅰ-1j

図Ⅰ-1k

図Ⅰ-1l

2. ミクソリディアンの変形スケール

　V7の最も基本的なコードスケールはナチュラルテンションの9thと13thを持つミクソリディアンとなりますが、ここでは"ドミナントファンクションを持つコードは自由にオルタードテンションを加えられる"というテンションの法則d.により、オルタードテンションが加えられた場合のコードスケールについて考えていきましょう。

　まずはテンション9thをテンション♭9thに置き換えた場合を例にとってみましょう。すると図Ⅰ-2aのような非ダイアトニックコードスケールが作られます。

第十編　コードスケール

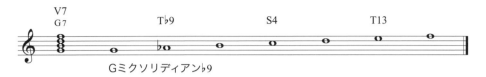

図Ⅰ-2a

　このコードスケールはミクソリディアンの第二音（V7のテンション9th）を半音下げたものであるため、ミクソリディアン♭9（もしくはミクソリディアン♭2）と呼ばれます。読み方はミクソリディアンフラットナインです。ここでは"同音程のナチュラルテンションとオルタードテンションは同時に使用できない"というテンションの法則c.にも留意して下さい。テンション♭9thが使われている場合に9thの同時使用はできません。

　続く図Ⅰ-2bはV7のテンション13thを♭13thに置き換えたもので、コードスケールはミクソリディアンの第六音（V7のテンション13th）を半音下げたスケールとなるため、ミクソリディアン♭13（もしくはミクソリディアン♭6）と呼ばれます。

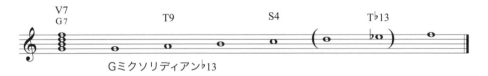

図Ⅰ-2b

　ここで注意すべきなのは、このスケールが5と♭13の両方を含んでいる点です。ドミナントセブンスコード上での♭13は、オーギュメンティッドセブンスの第三音である♯5と同一の音程です。そのために5と♭13が同時に使用されると、5を含むメジャートライアドと♯5を含むオーギュメンティッドトライアドの混ざったような印象を聴き手に与えてしまいます。そのために5と♭13はそれぞれ単独での使用は可能ですが、同時使用には注意が必要であるため、この二音はコンディショナルアヴォイドノート（Conditional Avoid Note、条件付きのアヴォイドノート）と呼ばれます。図Ⅰ-2bで、コンディショナルアヴォイドノートは括弧で示されています。

　図Ⅰ-2cはミクソリディアンのナチュラルテンション9th、13thをともにオルタード

テンションに変えた場合のコードスケール、ミクソリディアン♭9,♭13で、読み方はミクソリディアンフラットナインフラットサーティーンです。

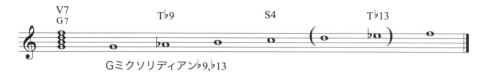

図Ⅰ-2c

続く図Ⅰ-2dはミクソリディアン♭9,♭13にオルタードテンションの♯9thを加えた八音のスケールで、ミクソリディアン♭9,♯9,♭13と呼ばれます。このスケールの場合もコンディショナルアヴォイドノートに気を付けてください。

図Ⅰ-2d

3. その他のドミナントセブンスのコードスケール

これまでミクソリディアンのナチュラルテンションである9thと13thをオルタードテンションに置換したコードスケールを考えてきましたが、ここでは別のアプローチでドミナントセブンスのコードスケールを考えていきましょう。

ミクソリディアンスケールは四度のアヴォイドノート（例えばGミクソリディアンではCになります）を含んでいますが、このアヴォイドノートに♯を付けてテンション♯11thとしたものが、図Ⅰ-3aになります。

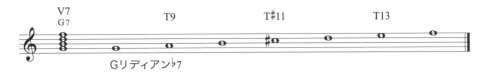

図Ⅰ-3a

　このスケールはリディアンの特性音である♯11を含むため、リディアン♭7（リディアンフラットセブン）と呼ばれ、通常のミクソリディアンのナチュラルテンション9thと13thを持ちながらもアヴォイドノートを含まないため、ドミナントセブンスのコードスケールとしてよく用いられます。
　次に紹介する図Ⅰ-3bは、第八編で紹介した、半音からスタートするオクタトニックスケールで、ドミナントセブンスのコードスケールとして用いられる場合には特にシンメトリックドミナントスケールと呼ばれます。

図Ⅰ-3b

　このスケールはミクソリディアン♭9、♯9、♭13と同様に八音階でありながらアヴォイドノート、コンディショナルアヴォイドノートの両方を含まないため、使い勝手の良いスケールとなっています。加えて以前解説したように、規則性と対称性のため、スケール構成音のパターンは3種類のみなので非常に覚えやすく、インプロヴィゼーションに応用しやすいという特徴もあります。
　今までの例ではコード構成音の1、3、5、♭7のすべてを含むコードスケールの解説をしてきましたが、コード構成音の中で完全五度は省略しても和音の機能は保持されるという性質を利用して完全五度を含まないコードスケールを考えていきましょう。
　図Ⅰ-3cはメロディックマイナースケールの第七番目のモードとして知られるオルタードスケールです。オルタードスケールはすべてのオルタードテンションを含んでおり、また5を含まないため、♭13とコンディショナルアヴォイドノートを作りません。

そのため、後に紹介するマイナーキーでのドミナントセブンスやセカンダリードミナントのコードスケールとして非常に有効です。

図Ⅰ-3c

最後に紹介する図Ⅰ-3dのホールトーンスケール（Whole Tone Scale、全音音階）は非常にユニークなサウンドを持っており、全音のみで1オクターブを6等分してできるスケールです。そのためにスケール構成音のパターンは、C-D-E-G♭-A♭-B♭もしくはD♭-E♭-F-G-A-Bの二種類しかありません。このスケールは六音階で9th、♯11th、♭13thのテンションを持ち、アヴォイドノート、コンディショナルアヴォイドノートをともに含みません。スケールノートを非常に覚えやすいので、シンメトリックドミナントスケール同様、インプロヴィゼーションに応用しやすいスケールです。

図Ⅰ-3d

4. V7sus4のコードスケール

V7sus4は完全四度をコード構成音に持っているため、コードスケールの考え方も通常のV7とは異なり、コードスケールはスケールノート4を含んだもの（ミクソリディアン系）に限られます。テンション9th、13thに関しては通常のV7と同じ扱いで、オルタードテンションに置き換えることもできますが、コードトーンとして11thを含むため♯11thはテンションとして加えられません。また通常のV7のコードスケールで

は3がコードトーンのために4がアヴォイドノートとなりますが、V7sus4の場合は4をコードトーンに含むため、逆に3がハーモニーに合致しないアヴォイドノートとなります。

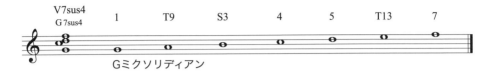

図Ⅰ-4a

　通常のミクソリディアンの他に、ナチュラルテンションをオルタードテンションに置き換えたミクソリディアン♭9、ミクソリディアン♭13、ミクソリディアン♭9、♭13といったスケールもコードスケールになり得ます。ただ、リディアン♭7やオルタードといった♯11を持つスケールはコードスケールとして適しません。

練習問題

問51 以下のコード進行をアナライズし、各コードに対する適切なコードスケールをそれぞれ指摘しなさい。ただし各スケール構成音には、臨時記号が付かないものとする。

II. マイナーキーにおけるコードスケール

1. ナチュラルマイナーのダイアトニックコードスケール

　マイナーキーのダイアトニックコードスケールも上記の方法で、コードとキーの関係から導きだすことができます。ナチュラルマイナーのダイアトニックコードスケールをCマイナーキーで以下に示しておきます。

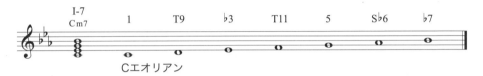

図II-1a

図II-1b

図II-1c

図Ⅱ-1d

　IV-7はレラティブメジャーキーのII-7に対応しますので、ドリアンの第六音は第三音とトライトーンを作るため、テンションではなくスケールノートとして捉えられることもあります。ただここで作られるトライトーンはV7ではなく♭VII7のトライトーン（Cマイナーキーの場合はB♭7に含まれるDとA♭）ですので、II-7上のドリアンの第六音よりは比較的自由に使用できると考えられます。

　マイナーシックスコードのようにコードトーンに6が使われる場合を除いては、ドリアンコードスケールの第六音はすべてアヴォイドノートと捉えられがちです。しかしながら前後のコード進行や内声の動きなど、楽曲にマッチするサウンドは状況によって大きく変わってきますので、ぜひいろいろなパターンを試して最良のサウンドが得られるように工夫してみて下さい。

図Ⅱ-1e

図Ⅱ-1f

図Ⅱ-1g

2. ハーモニックマイナーのダイアトニックコードスケール

次にハーモニックマイナー上のダイアトニックコードとコードスケールの関係を以下に示します。

図Ⅱ-2a

図Ⅱ-2b

図Ⅱ-2c

図Ⅱ-2d

図Ⅱ-2e

図Ⅱ-2f

図Ⅱ-2g

　メジャースケールとナチュラルマイナースケール以外の派生モードの場合、同一のスケールで異なる呼ばれ方をする場合があります。例えば上記のリディアン♯2はリディアン♯9と呼ばれることがあり、また後述のドリアン♭2はドリアン♭9などと呼ばれることがありますが、2と9、4と11、6と13、スケールノートを表すのにどちらを使っても特に違いはありません。またスケールノートの♭5と♯5の代わりに、ディミニッシュやオーギュメントが呼び名として使われることもあります（イオニアンオーギュメントなど）。

3. メロディックマイナーのダイアトニックコードスケール

次にメロディックマイナー上のダイアトニックコードとコードスケールの関係を示しておきます。

図Ⅱ-3a

図Ⅱ-3b

図Ⅱ-3c

図Ⅱ-3d

図Ⅱ-3e

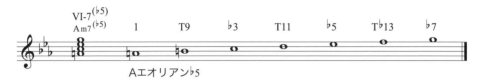

図Ⅱ-3f

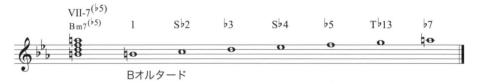

図Ⅱ-3g

　メロディックマイナースケールではハーモニックマイナースケールの増音程が解消されていますので、ハーモニックマイナー上のコードスケールに比べ、若干アヴォイドノートが減り、アヴェイラブルテンションを多く持つ傾向にあります。

　以上のように同一のルートを持ち同一のコードタイプで同じようにアナライズされている和音でも、元となるスケールによってアヴォイドノート、アヴェイラブルテンションが変わってくることが分かります。例えばメジャースケールが元となっているⅡ-7ではコードスケールはドリアンですが、メロディックマイナースケールが前提の場合のⅡ-7のコードスケールはドリアン♭2となります。

　例として、短いツーファイブワンのフレーズである図Ⅱ-3hについて考えてみましょう。

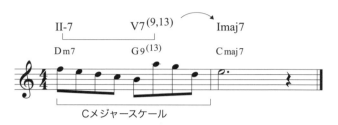

図Ⅱ-3h

ツーファイブ部分はDドリアン、GミクソリディアンとCメジャースケール由来のコードスケールとなっています。今度は図Ⅱ-3iを見てください。この場合、Cメロディックマイナースケールから生じるコードスケールのDドリアン♭2とGミクソリディアン♭13（コードのテンションとして♭13）が使われており、サウンドに若干の違いが出てきます。

図Ⅱ-3i

既に決められているコード進行上でメロディを作成したり、インプロヴィゼーションをしたりする場合には、このように異なるスケールを想定してバリエーションを持たせるのも面白いでしょう。スケールのバリエーションに関しては第十編の後半で改めて詳しく解説をします。

4. マイナーキーのドミナントコードスケール

次にマイナーキーでのドミナントセブンスのコードスケールについて考えていきましょう。第四編で学習したように、通常テンションとしては♭9th、♯9th、♭13thのオルタードテンションが使われ、メロディックマイナーを使う前提であるならばナチュラルテンションの9thも使用されます。

まずはマイナーツーファイブに用いられ、V7 (♭9)と表記されることの多い、ハーモニックマイナー由来のコードスケールを考えていきましょう。最も基本的なコードスケールの例は、図Ⅱ-2eで示されているミクソリディアンのナチュラルテンションをオルタードテンションに置き換えたミクソリディアン♭9,♭13です。また♯9を加えたミクソリディアン♭9,♯9,♭13もコードスケールとして適当です。これらのスケールではメジャーキーにおけるミクソリディアンの場合と同様、4がアヴォイドノートとなっています。

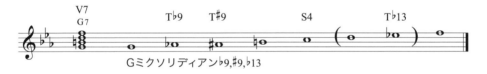

図Ⅱ-4a

またすべてのオルタードテンションを含み、アヴォイドノートを持たない図Ⅱ-4bのオルタードスケールは非常に有効で、マイナーツーファイブを含むジャズの楽曲のインプロヴィゼーションには頻出のスケールです。

図Ⅱ-4b

メロディックマイナーが使われる前提でのV7のコードスケールはナチュラルテン

ションの9thの使用が前提となるので、♭9と♯9を含めません。またナチュラルテンション13thは使用できないので、9と♭13を構成音に持つスケールがコードスケールに適しているると言えます。最も基本的な例は図Ⅱ-3eで示されたミクソリディアン♭13です。

またホールトーンスケールもテンション9th及び♭13thを含むので、メロディックマイナースケール使用時のドミナントセブンスのコードスケールとして適格です。

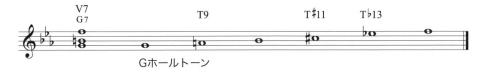

図Ⅱ-4c

練習問題

問52 以下のコード進行をアナライズし、各コードに対する適切なコードスケールをそれぞれ指摘しなさい。

Ⅲ. セカンダリードミナントのコードスケール

1. セカンダリードミナントのコードスケールの導出

　セカンダリードミナントはプライマリードミナントと異なり、ナチュラルテンションに制限があることは以前学びましたが、そのためにメジャーキーのV7とは違うコードスケールを考えなくてはいけません。また解決先のルートによってコードスケールは別のものとなりますので、Ⅰ章-1で解説したコードスケール導出の手順が非常に大事になってきます。

　ここではCメジャーキーでのV7/ⅡであるA7を例に考えていきましょう。まずはコード構成音のA、C♯、E、Gはスケール構成音に含まれます。次にアヴェイラブルテンションの9thと♭13thとなるBとFもスケール構成音となります。最後に七音階にするため、CメジャーキーにダイアトニックなDをスケール構成音として加えると得られるコードスケールはAミクソリディアン♭13となります。

図Ⅲ-1a

　このように手順さえ覚えていれば、セカンダリードミナントコードスケールの導出はそんなに難しいものではなく、理論が分かれば丸暗記する必要もありません。またテンションの法則d.より、ドミナントコードのナチュラルテンションはオルタードテンションと置き換えが可能であるため、他にもミクソリディアン♭9,♭13やオルタードスケール、ホールトーンスケールもコードスケールとして使用できます。ただしオルタードテンションをナチュラルテンションに置き換えることはできないためミクソリディアン、リディアン♭7、シンメトリックドミナントスケールなどT13を含むスケールはV7/Ⅱのコードスケールとしては適当ではありません。

2. 各セカンダリードミナントコードのコードスケール

以下に各セカンダリードミナントの最も基本的なコードスケールを示しておきます。

図Ⅲ-2a

V7/Ⅲの場合はナチュラルテンションを含むコードスケールは使えず、ミクソリディアン♭9, ♭13やミクソリディアン♭9, ♯9, ♭13、オルタードスケールがコードスケールとなります。

図Ⅲ-2b

V7/Ⅳはナチュラルテンションが加えられるので、メジャーキーのプライマリードミナントと同様にさまざまなドミナント系のコードスケールが使えます。

図Ⅲ-2c

V7/ⅤもV7/Ⅳと同様にナチュラルテンションを含むコードスケールを使うことができます。

図Ⅲ-2d

V7/VIの場合はナチュラルテンションが加えられないので、ミクソリディアン♭9, ♭13やオルタードスケールがコードスケールとなります。

図Ⅲ-2e

加えて第五編で学んだ通り、リレイティッドⅡ-7のトーナリティについては解決先のルートをトニックと考えるため、リレイティッドⅡ-7のコードスケールは基本的にはすべてドリアンとなります。ただV7/Ⅱのリレイティッド Ⅱ-7（CメジャーキーではEm7）はⅢ-7とのデュアルファンクションとなるため、フリジアンがコードスケールとして用いられることがしばしばあります。

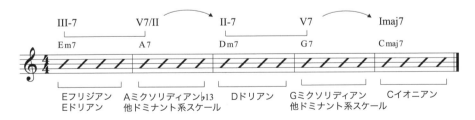

図Ⅲ-2f

またマイナーツーファイブのリレイティッドⅡ-7(♭5)のコードスケールの場合、ダイアトニックコードとのデュアルファンクションによるスケールの矯正は生じないた

281

め、一般的にはロクリアンが用いられます。

練習問題

問53 以下のコード進行をアナライズし、各コードに対する適切なコードスケールをそれぞれ指摘しなさい。

IV. モーダルインターチェンジコードのコードスケール

1. メジャーセブンスコードのコードスケール

　第六編で学んだように、モーダルインターチェンジコードのテンションの付け方には楽曲のキーに対してダイアトニックとなるか、借用先のモードに対してダイアトニックとなるかの2パターンがありました。そのためモーダルインターチェンジコードは、ひとつのコードで複数のコードスケールが考えられる場合もあります。ここからは具体的にモーダルインターチェンジコードのコードスケールについて学んでいきましょう。

　メジャーセブンスコードのコードスケールは、トニックのImaj7とP.261のI章-1で説明したIVmaj7の特殊なケースを除いて、すべてリディアンとするのが一般的です。以下はCメジャーキーにおける代表的なモーダルインターチェンジのメジャーセブンスコードと、そのコードスケールです。

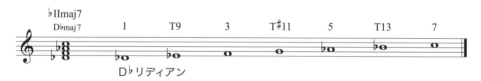

図IV-1a

図IV-1b

図IV-1c

図IV-1d

リディアンを使うことによって、テンション♯11がキーに対してダイアトニックとなります。イオニアンを用いた場合はキーに対して非ダイアトニックのアヴォイドノートが作られるため、モーダルインターチェンジというよりもダイレクトモジュレーションによって調性感が変化したように感じられる傾向が強くなります。

2. マイナーコードのコードスケール

ナチュラルマイナー（エオリアン）モーダルインターチェンジコードとしてII-7^(♭5)をメジャーキーで使う際、第六音は借用先のマイナースケールのスケールノートで、尚且つテンションとして使用可能な♭13を含むものが好まれます。しかしコードスケールの第二音をどのように扱うかはその時々の状況次第です。

楽曲のキーにダイアトニックとなるテンション9を使うと、コードスケールはロクリアンナチュラル2（メロディックマイナーの第六モード、エオリアン♭5と同じスケールで、ロクリアンナチュラル9の呼称も使用されます）となります。このスケールはアヴォイドノートを含まないのが特徴です。

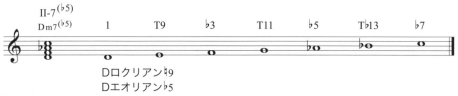

図IV-2a

II-7$^{(\flat 5)}$ が単独で使われる際にはロクリアンナチュラル2でも調性上の問題はないのですが、V7$^{(\flat 9)}$ とマイナーツーファイブを作る場合、Imaj7に解決する直前まで非常に強いマイナーの調性感を聴き手に与えるために、パラレルマイナースケールに由来するロクリアンが使われることが一般的です。

図IV-2b

IV-7、IV-6の場合はコードスケールとして、ともにドリアンが好まれます。ただし同一のスケールですが、IV-6の場合は第七音の$\flat$7がアヴォイドノートとなります。

図IV-2c

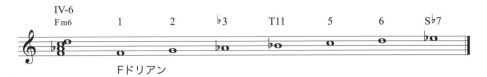

図IV-2d

IV-maj7の場合はコードスケールとしてメロディックマイナーを採用すると、アヴォイドノートを避けることができます。

図IV-2e

V-7のコードスケールとしてもドリアンが好まれます。パラレルマイナースケールに由来するフリジアンを使用する場合はアヴォイドノートが多く、またメジャーキーの調性感も大分外れたものとなります。

図IV-2f

3. ドミナント機能を持たないドミナントセブンスコードのコードスケール

トニック機能を持つI7の場合、イオニアンとスケール構成音の近いミクソリディアンが最も基礎的なコードスケールとなります。

図Ⅳ-3a

ただしブルースの中で使用される場合は、マイナーペンタトニックスケールや、マイナーペンタトニックスケールにテンション#11thを加えたスケールの他、リディアン#2,♭7（リディアン♭7,#9と呼ばれることもあります）が使用されます。

図Ⅳ-3b

図Ⅳ-3c

ブルースは植民地時代のアメリカのプランテーションで奴隷によって歌われていた農園歌が発祥とされています。当時西洋音楽の影響の薄かったアフリカ系の奴隷は、１オクターブを均等な七音で分割する通常の西洋音階と違った音感を持っており、トニックから短三度と長三度の間の音を含んだ音階で歌っていたとされています。よく

ブルースギタリストがマイナーペンタトニックの短三度をベンド（押弦している指で弦を引っ張るテクニック）し、1/4音高くするのはそのためです。

　その微妙な音を西洋音階で表現するのに適したのがテンション♯9thです。聴き手がコードトーンに含まれる長三度を期待しているところに、短三度（♯9）が加わると心理的作用によって、長三度と短三度の中間の音が連想されると言われています。そのためブルースのI7では♯9を含むスケールが好まれるとされます。

　モーダルインターチェンジコードIV7のコードスケールとして最も好まれるのはアヴォイドノートを含まないリディアン♭7です。ただマイナーキーの場合や、メジャーキーの時でも前後の非ダイアトニックコードとT♯11のサウンドがフィットしないなどの場合にはミクソリディアンが使われることも少なくありません。

図IV-3d

　♭VII7のコードスケールもアヴォイドノートを持たず、テンション♯11thがメジャーキーのダイアトニックとなるリディアン♭7がよく使用されます。ただし、こちらも前後のコード進行によっては、ミクソリディアンを使用する方が良いサウンドを得られる場合もあります。

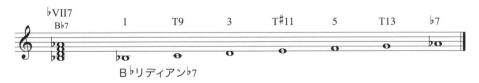

図IV-3e

　その他のルートが完全五度下のコードに解決することを前提としない（ドミナントモーションを前提としない）ドミナントセブンスコードのコードスケールも同様に、リディアン♭7の使用が一般的です。ただし、前後のコード進行によっては通常のミ

クソリディアンが使われることもあります。ドミナントコードの魅力は使用可能なテンションの豊富さにあるので、固定観念にとらわれず、より良いサウンドが得られるようにさまざまなコードスケールを試してみて下さい。

練習問題

問54 以下のコード進行をアナライズし、各コードに対する適切なコードスケールをそれぞれ指摘しなさい。

V. その他のコードスケール

1. サブスティチュートドミナントセブンスコードのコードスケール

　第七編で学んだ通り、解決先に関わらずサブスティチュートドミナントセブンスコードの一般的なアヴェイラブルテンションは9thと♯11thと13thとなるので、その3種類すべてのテンションを含むリディアン♭7がサブスティチュートドミナントセブンスコードに適したコードとなります。

図V-1a

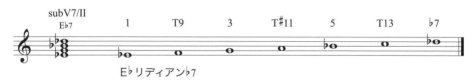

図V-1b

図V-1c

図V-1d

上記の譜例から分かるようにサブスティテュートドミナントのコードスケールとしてリディアン♭7を使用すると、T#11がすべてダイアトニックとなります。別の言い方をすると、スケールの第四音が完全四度のミクソリディアンを用いた場合、解決先に関わらずS4がキーに対して非ダイアトニックとなるケースが多いのです。マイナーキーのsubV7系コードでも同様にリディアン♭7を使うのが一般的です。ただしマイナーキーではsubV7/IIの場合、コードスケールをリディアン♭7とするとテンション#11thは非ダイアトニックとなります。前後の関係にもよりますが、subV7/II上のコードスケールとしてはミクソリディアンを用いた方が自然なメロディラインを作れることもあります。

図V-1e

ドミナントコード上ではオルタードテンションをナチュラルテンションに置き換える場合は調性感を崩す場合がありますが、ナチュラルテンションはオルタードテンションに置換可能であるので、前後のコード進行や内声の動きなどの状況に合わせてコードスケールとして他のオルタードテンションを含むドミナント系スケールを使うのも非常に有効です。

2. ディミニッシュトセブンスコードのコードスケール

　ディミニッシュトセブンスコードは非ダイアトニックコードであり、なおかつF♭やA♭♭などの同音異名が多く用いられています。もちろんコード構成音とアヴェイラブルテンションを基礎としたコードスケールの導出も可能ですが、発展的な考察として、これまでの手順とは違ったアプローチによるコードスケールの導出に挑戦してみましょう。ここではディミニッシュトセブンスコードがV7$^{(♭9)}$/○と同等の機能を持ち、また3種類のコード構成音しかないという点に着目して、使用頻度の高いディミニッシュトセブンスコードスケールについて考えていきます。

　第八編で勉強したように♯I°7はV7$^{(♭9)}$/IIのルート省略形となっており、V7$^{(♭9)}$/IIと同等の機能を持ちます。そのため♯I°7はV7$^{(♭9)}$/IIと共通の構成音を含むコードスケールを持っていると考えられます。V7$^{(♭9)}$/IIの一般的なコードスケールはミクソリディアン♭9,♯9,♭13ですので、♯I°7のコードスケールはミクソリディアン♭9,♯9,♭13の第四音からの派生モードとすることができます。

図V-2a

　またV°7は♯I°7と共通のコードトーンを持つので、これらも共通の構成音を含むコードスケールが使えると捉える事が出来るため、V°7のコードスケールもミクソリディアン♭9,♯9,♭13の派生モードと考えられます。

　♯V°7はV7$^{(♭9)}$/VIと同機能を持つので、コードスケールは図V-2bのように、ミクソリディアン♭9,♯9,♭13の第四音からの派生モードとすることができます。

図V-2b

共通のコードトーンを持つ♭VI°7も同じ構成音のコードスケール、すなわちがミクソリディアン♭9,#9,♭13の派生モードがコードスケールとなると考えられます。

同様に#II°7はV7⁽♭9⁾/IIIと同一のスケールノートを含むコードスケールを持つとすると、コードスケールは以下のようにミクソリディアン♭9,#9,♭13の第四音からの派生モードとすることができます。

図V-2c

#IV°7の場合は#II°7と共通のコード構成音を持つのですが、#IV°7はV7⁽♭9⁾/Vと同じ機能となります。V7⁽♭9⁾/Vはナチュラルテンションのテンション13thがアヴェイラブルテンションとなるので、#IV°7のコードスケールは以下の図V-2dのように、ミクソリディアン♭9,#9の第四音からの派生モードと考えることができます。

図V-2d

以上よりコード構成音が同一な#II°7、#IV°7の場合では、コードスケールとしては、V7⁽♭9⁾/IIIに由来するミクソリディアン♭9,#9,♭13の第四音からの派生モードと、V7⁽♭9⁾/Vに由来するミクソリディアン♭9,#9の第四音からの派生モードの2パターンが導出されることが分かります。

3. 二種類のミクソリディアン派生モード

前項ではディミニッシュトセブンスコードがドミナントセブンス♭9と近いコード構成音ということに着目をしてコードスケールの導出を行いました。ここでは、この理論を拡張して、再度、頻出ディミニッシュトコードのコードスケールをまとめます。

I°7の場合は♯II°7の転回形と解釈をして、図V-3aのようにV7⁽♭9⁾/IIIの派生モードを採用する、もしくは♯IV°7の転回形と解釈をしてV7⁽♭9⁾/Vの派生モードを採用するという、二通りの考え方ができます。

図V-3a

図V-3b

♯I°7の場合は、V7⁽♭9⁾/IIの派生モードをコードスケールとして採用できます。

図V-3c

♯II°7の場合は、図V-3dのようにV7⁽♭9⁾/IIIと共通の構成音を持つコードスケールを採用するのが自然ですが、図V-3eのように、あえては♯IV°7の転回形と解釈をして

V7^(♭9)/Vの派生モードを採用するのも面白いかも知れません。

図V-3d

図V-3e

♭III°7の場合は、♯II°7と異音同名のコード関係にあるため、♯II°7と同じコードスケールを用いることができます。

図V-3f

図V-3g

♯IV°7の場合も♯II°7と同様に、図V-3hのように♯II°7の転回形と考えるか、図V-3iのように♯IV°7と考えるかで2パターンのコードスケールが考えられます。

図V-3h

図V-3i

V°7の場合は、♯I°7の転回形ですので、コードスケールとしてV7(♭9)/IIの派生モードが考えられます。

図V-3j

前項でも解説した通り、♯V°7はV7(♭9)/VIと共通のコードトーンを持っているので、V7(♭9)/VIの派生モードをコードスケールとすることができます。

図V-3k

♭VI°7の場合は、♯V°7と異名同音のため、♯V°7と同一のコードスケールを採用す

ることができます。

図V-31

　その他のディミニッシュセブンスコードのコードスケールについては、ここでの説明をふまえて、同一の構成音を持つディミニッシュコードの構成音を参考にしてください。多くのアヴォイノートが含まれることを承知で、調性感にこだわらないシンメトリックディミニッシュスケールも、特に即興演奏の場合などでは活用されます。

練習問題

問55 以下のコード進行のアナライズを行いなさい。

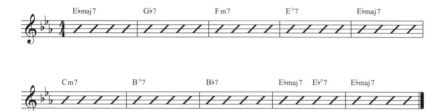

問56 問55に現れる以下のコードのコードスケールを例に従って、五線に書き入れなさい。

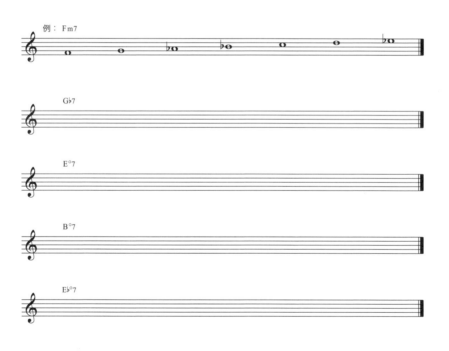

VI モーダルハーモニー

1. モーダルミュージックの基礎

　これまではメジャー及びマイナーキーでのImaj7やI-といったトニックへの終止を前提とした和声であるトーナルハーモニー（Tonal Harmony、調性和声）について勉強してきました。この章ではメジャースケール、マイナースケールではなく、モードを軸とした和声であるモーダルハーモニー（Modal Harmony、旋法和声）について説明していきます。

　第六編で勉強したように、メジャースケールからは7種類のモードが派生します。トーナルミュージックではその中の第一モードのメジャースケールと第六モードのマイナースケールの二つの音階を基礎に和声が展開していきましたが、モーダルミュージックではメジャー、マイナー以外のモードの第一音をトニックとして音楽が進行していきます。

　イオニアンは通常のメジャースケールと同一で、エオリアンはトニックへのドミナントモーションのない（ハーモニックマイナーとメロディックマイナーへの変形がない）マイナースケールと考えられます。またメジャースケールのリーディングトーンであるロクリアンの第一音がトニックとなる場合はほとんどありません。したがってモーダルミュージックではドリアン、フリジアン、リディアン、ミクソリディアンの4つのスケールの第一音をトニックとする場合が一般的です。

　モードは第三音が長三度か短三度かによってメジャー系モードとマイナー系モードに分けられます。またそれぞれのモードは音階の性格を決定付ける特性音（Characteristic PitchもしくはCharasteristic Note）を持っており、この特性音がメジャースケール、マイナースケールとの差別化を図っています。それでは具体的に各モードの特徴とダイアトニックコードを考えていきましょう。

2. ドリアンモード

ドリアンは第三音が短三度であるマイナー系モードで、特性音の6がマイナースケールとの違いを作っています。ドリアンモードの第一音をトニックとする場合の調性を、トニックドリアンと呼びます。

図VI-2a

通常II-7上のドリアンコードスケールの場合はトライトーンを作るため、テンション13thはアヴォイドノートとされていますが、トーナルミュージックと異なりImaj7へのケーデンスが前提となっていないので、トニックドリアンの場合、テンション13thはアヴェイラブルテンションとなります。

Cトニックドリアンのダイアトニックトライアドとダイアトニックセブンスコードは以下のようになります。

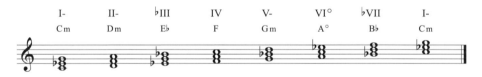

図VI-2b

図VI-2c

トニックコードとしてはI-7の他、特性音を強調したI-6も使われます。モーダルインターチェンジコードとしてよく使われるIV7がダイアトニックコードとなっているのが特徴です。ただしI-6もIV7もトライトーンを含んでおり、♭VIImaj7へ進行する場合、レラティブイオニアンのImaj7へのドミナントケーデンスと聴き手に認識されてしまうと、トニックドリアンではなくメジャースケールと感じられてしまう可能性があるので注意が必要です。

西洋音階に慣れ親しんだ現代人の耳は、無意識のうちにメジャーキーかマイナーキーのどちらかの調性感に引きつけられてしまいます。そのためモーダルミュージックでは、いかにして聴き手にレラティブイオニアンやレラティブエオリアンを感じさせないかという工夫が非常に重要になります。以下図Ⅵ-2dに、ドリアンモードを使ったメロディの例を示しておきます。

図Ⅵ-2d

3. フリジアンモード

メジャースケールの第三モードであるフリジアンはドリアンと同じくマイナー系モードで、特性音である♭2がマイナースケールとの違いを作っています。フリジアンモードの第一音をトニックとする場合の調性を、トニックフリジアンと言います。

図Ⅵ-3a

Cトニックフリジアンのダイアトニックトライアドとダイアトニックセブンスコー

ドは以下のようになります。

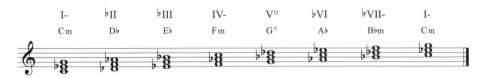

図VI-3b

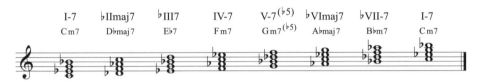

図VI-3c

モーダルインターチェンジコードである♭IImaj7をダイアトニックコードに持ち、♭IIや♭IImaj7からI-7への進行は終止感を生み出します。♭III7またはV-7 (♭5) から♭VImaj7への進行はレラティブイオニアンを連想させるため注意が必要です。以下にフリジアンのモーダルメロディの例を示しておきます。

図VI-3d

4. リディアンモード

リディアンは第三音が長三度となるメジャー形モードで、特性音として♯4を持っています。そのためImaj7のコードスケールにはアヴォイドノートとなるS4を含まず、代わりにテンション♯11thを持っている事が最大の特徴です。リディアンモードの第一音をトニックとする場合の調性を、トニックリディアンと呼びます。

図Ⅵ-4a

ダイアトニックトライアドとダイアトニックセブンスコードは以下のようになります。

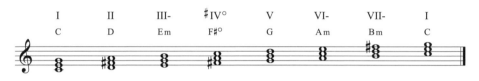

図Ⅵ-4b

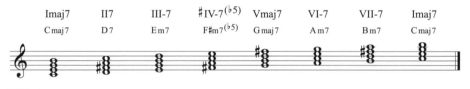

図Ⅵ-4c

　トニックリディアンの調性では、トライアドであるIをトニックとして使う例が多く見られますが、Imaj7 (#11) がトニックとして使われることもあります。リディアンの特性音である#4を強調するIIやII7もよく使われますが、Vmaj7やIII-7に進行するとレラティブメジャーやレラティブマイナーを想起させるため、和声進行には気を付けて下さい。図Ⅵ-4dはリディアンモーダルメロディの一例です。

図Ⅵ-4d

5. ミクソリディアンモード

　ミクソリディアンは♭7を特性音とするメジャー形モードで、チャーチモードとしてはブルースのトニック、I7に必要な3と♭7の両方を唯一持っています。

図Ⅵ-5a

　ダイアトニックトライアドとダイアトニックセブンスコードは以下のようになります。ミクソリディアンモードの第一音をトニックとする場合の調性を、トニックミクソリディアンと呼びます。

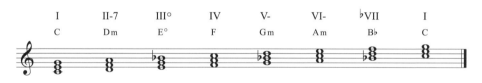

図Ⅵ-5b

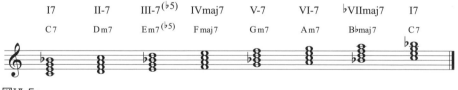

図Ⅵ-5c

　トニックコードがドミナントセブンスコードとなるので、I7からIVやIVmaj7への進行はレラティブメジャーのドミナントケーデンスが連想されてしまうため、避けられることが多いと言えます。またV-やV-7からIやI7へ進行する際にはレラティブメジャーのツーファイブを聴き手に想起させてしまわないようにハーモニックリズムに工

夫が必要です。図Ⅵ-5dはミクソリディアンモーダルメロディを使用した譜例です。

図Ⅵ-5d

　本書はトーナルミュージックを基礎とした音楽理論の解説を主軸としておりますので、次項で学ぶコードスケールのモーダルアプローチについての解説のため、本項ではモーダルミュージックの基礎的な内容を説明するのみに留めました。

6. コードスケールのモーダルアプローチ

　I-maj7やマイナーキーのV7のコードスケールにはハーモニックマイナー、メロディックマイナーの二通りが候補となることをⅡ章-3、Ⅱ章-4で解説しました。このように、想定する調や音階によって同一にアナライズされるコードでもふたつ以上のコードスケールが考えられる場合があります。ここではコードスケールの候補としてさらにモーダルハーモニーを考慮に入れて考察していきましょう。
　まずシンプルなコード進行の図Ⅵ-6aを見てください。

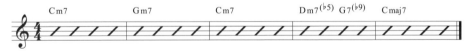

図Ⅵ-6a

　このコード進行をアナライズし、一般的な手法でコードスケールを付け加える場合、最初の三小節をナチュラルマイナーのモーダルインターチェンジと考え、図Ⅵ-6bのようになります。もちろんこれらのコードスケールは正解なのですが、他にも使用可能なコードスケールが考えられないでしょうか。

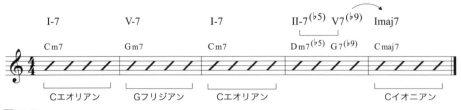

図Ⅵ-6b

　ここでモーダルハーモニーを用いたアプローチを取り入れてみましょう。第一小節と第三小節のCm7ですが、これをトニックドリアンのI-7と考えます。するとI-7のコードスケールはCエオリアンではなくCドリアンとすることができます。

　同様に二小節目のGm7はマイナースケール由来のV-7ではなく、トニックミクソリディアンのV-7と捉えれば、こちらはGフリジアンではなくGドリアンとなります。最後の小節のCmaj7もトニックリディアンのImajと考えればコードスケールはリディアンとなります。またコードにテンションを加え、Imaj7 (♯11) とすることも可能です。ジャズやポップスなどでは、Imaj7にテンション♯11thが加えられることが非常に多いのですが、このようにトニックリディアン由来のスケールが使われていると解釈をすれば、特殊なテンションの付け方をしているわけではないということが分かります。

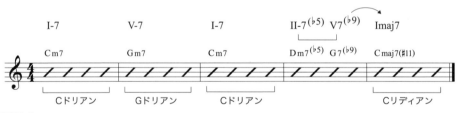

図Ⅵ-6c

　このようにモーダルインターチェンジの考え方をコードだけではなく、コードスケールにも応用することで、作曲やインプロヴィゼーションでのメロディ作りの幅が広がります。この説明を参考にさまざまなコード進行上で、いろいろなコードスケールを試してみて下さい。

練習問題

問57 以下のエオリアンモードの旋律を、指定された別モードが用いられた旋律となるよう、適切な臨時記号をそれぞれの楽譜に付け加えなさい。

ドリアンモード

フリジアンモード

第十一編

その他の和声技法

I. ペダルポイント

　本書ではこれまで基礎から順を追って、体系的に和声の解説をしてきましたが、第十一編と続く第十二編では今まで紹介しきれなかったいくつかの和声手法について紹介をしていきたいと思います。

1. トニックペダル

　コード進行上で和音が変化していくのにも関わらず、一定の音程で保たれている音のことをペダルポイント（Pedal Point、持続音）と呼びます。またペダルポイントはペダルノート、ペダルトーン、あるいは単にペダルとも呼ばれることがあります。例として図Ⅰ-1aを見てください。

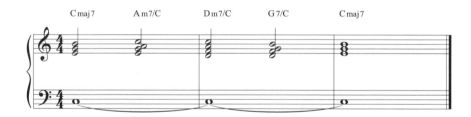

図Ⅰ-1a

　この楽譜の上声は非常に基本的なCメジャーキーでのコード進行となっていますが、ベース音に注目してみてください。コード進行を通してトニックであるCが保たれています。これがペダルポイントです。ちなみにペダルという呼称は、持続低音を鳴らすため、オルガン奏者が足で操作するペダルに由来します。

　図Ⅰ-1aのように、ペダルポイントがベース音の場合をベースペダルポイントと呼び、ジャンルを問わずさまざまな楽曲で使用されています。特にバロック派から古典派のクラシック音楽作品ではセクションの終わり間際、または曲の終わり間際で頻繁に使

われています。J.S.バッハのインベンションやフーガといった作品に触れる機会があれば、ぜひペダルポイントを探してみてください。

　また、この例でペダルポイントとして使われているベース音CはCメジャーキーのトニックです。そのため、このようなペダルポイントのことをトニックペダルと呼びます。トニックペダルのアナライズは図Ⅰ-1bのように行います。

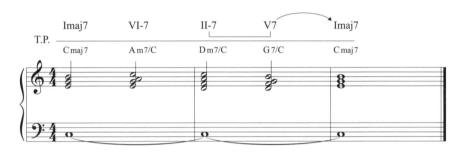

図Ⅰ-1b

　ここで注目していただきたいのは、ペダルポイントが作り出す不協和音です。VI-7及びII-7はともにコード構成音としてトニックを含んでいますので（Am7の第二音C、Dm7の第四音C）、これらのコードは転回形と考えることもできます。しかしながら二小節目のV7の場合はどうでしょうか。ペダルポイントCはGミクソリディアンのアヴォイドノートとなっていますので、CはG7コードの構成音でもなければ、テンションにもなり得ません。ただこのコード進行の流れでペダルポイントによる不協和音が作られても、あまり違和感は感じられないと思います。というのも聴覚上、ペダルポイントとして鳴り続けている音の上でコードが動く際には、ペダルと上声がひとつの和音ではなく、分離して聴き分けられるという特徴があります。

　ただ今回のパターンが自然に聴こえるのは、ペダルを含むコード進行の途中で不協和音が出てくるからです。ペダルポイントの始まり、もしくは終わりのコードに不協和音が含まれている場合、聴き手の調性感が崩れ、間違った和音を演奏しているように聴こえてしまう可能性もあるので注意が必要です。

2. ドミナントペダル

今度は別のペダルのパターンとして図I-2aを見てください。

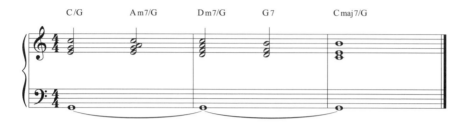

図I-2a

こちらも上声部は図I-1aとほぼ同様ですが、ペダルポイントがトニックのCではなく、ドミナントのGとなっています。これをドミナントペダルと呼び、図I-2bのようにアナライズします。

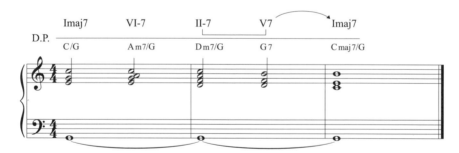

図I-2b

この例では、Cmaj7、Am7はドミナントであるGを含みますから、それぞれの転回であると解釈ができますが、II-7であるDm7はGを構成音に含みません。Dm7/Gのコード構成音はG-D-F-A-Cとなります。これをG-C-D-F-Aの順に並び替えると、Dm7/GはG7sus4[9]と捉えることもでき、G7sus4[9]からG7の自然な流れを作り出しているということが分かります。

図Ⅰ-2c

3. サブドミナントペダル

トニックペダル、ドミナントペダルに比べて使用される頻度は非常に少ないのですが、サブドミナントをペダルポイントとして使う場合があります。図Ⅰ-3aを例に考えてみましょう。

図Ⅰ-3a

今回は上声部が図Ⅰ-1a、図Ⅰ-1bと異なります。前述の通りペダルポイントが始まる際と終わる際にコードがペダルポイントと不協和音を作ってしまうと、調性感が崩れてしまうためです。ペダルノートのFはImaj7であるCmaj7のコードスケール、Cイオニアンに対してアヴォイドノートとなるので、代わりに1小節目のコードをサブドミナントであるⅣmaj7としました。また二小節目から三小節目にかけてドミナントモーションが発生していますが、サブドミナントペダルは解決先のコードⅠのアヴォイドノートとなります。ペダルポイントの終点で上声のコードとペダルが不協和音を作ってしまうことを避けるため、この例ではペダルが二小節目で終了しています。このように、サブドミナントはⅠコードのアヴォイドノートとなっているため、トニッ

クペダル、ドミナントペダルに比べて使用場面が制限されるケースが多くなります。

　図Ⅰ-3aをアナライズすると以下のようになります。今回の譜例のサブドミナントペダルで得られる興味深い効果は、一小節目のAm7/FがFmaj7 [9] と同じ構成音を持つコードとなっていることでしょう。

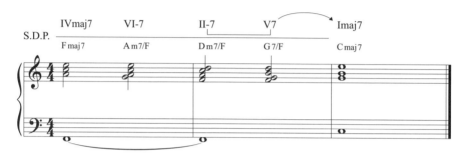

図Ⅰ-3b

4. インテリアペダル

　内声に含まれるペダルポイントをインテリアペダル（Interior Pedal）と言います。上声部と独立して聴こえるベースペダルとは異なり、インテリアペダルはコード構成音の一部としてサウンドに溶け込んで聴こえることが特徴です。

　図Ⅰ-4aの例ではトニックがインテリアペダルとして使われています。

図Ⅰ-4a

　この場合のアナライズは図Ⅰ-4bのように行います。

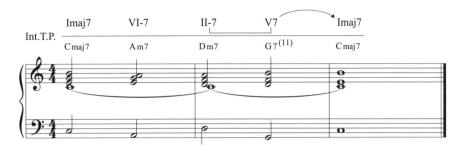

図Ⅰ-4b

ペダルポイントと言うと一般的にはベースペダルを指す場合が多いため、誤解を避けるために、本書ではインテリアペダルの場合、Interiorを示すInt.を付けておくことにします。

なお二小節目のCを内声に含むG7$^{(11)}$ですが、ペダルポイントを用いたコード進行ではない場合は調性感を損なう恐れのある和音です。この進行内でもG7$^{(11)}$は若干個性的なサウンドに聴こえますが、ペダルポイントのおかげで違和感の少ない自然な響きを作り出しています。

5. ソプラノペダル

ペダルポイントが最高音となっている場合をソプラノペダル（Soprano Pedal）と呼びます。ソプラノペダルの場合はインテリアペダルのようにコード構成音と溶け込みますが、同時にベースペダルのように独立して認識がされやすく、場合によってはメロディの一部のようにも感じられます。次ページの図Ⅰ-5aがソプラノペダルの例です。

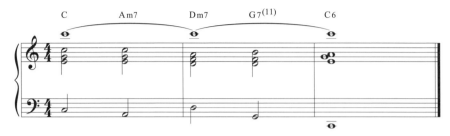

図Ⅰ-5a

　この例ではトニックがソプラノペダルとして使われています。この場合のアナライズは以下のように行います。今回もインテリアペダルの場合と同様、便宜上Sopranoを示すSop.を付け加えておきます。

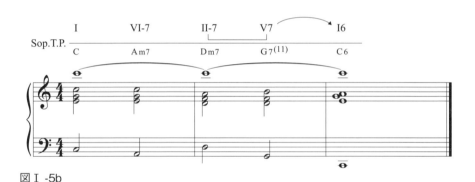

図Ⅰ-5b

　この章ではペダルポイントについて学んできました。ペダルポイントの主な目的は、特定の一音を持続させることにより非常に強力な調性感を生み出すことです。また解説してきたように、ペダルポイントを使うことによって、普段はあまり使うことのない不協和音を含んだ非常に面白い効果が得られる場合もあります。上記の他にもいろいろなパターンを試して、ユニークなサウンドをぜひ発見してみてください。

　余談ではありますが、ドローン（drone）とは単音で変化のない音を指す音楽用語であり、バグパイプの低音やインドの伝統楽器であるタンブーラ、日本の薩摩琵琶の解放弦など、民族音楽の世界ではドローン専門の楽器がしばしば見られます。このようにペダルポイント上の和音、不協和音で作り出す面白い効果は、西洋音楽の台頭よりもずっと前から研究されていたようです。

練習問題

問58 以下のコード進行の各コードをコードシンボルで表し、アナライズを行いなさい。

Ⅱ. コンスタントストラクチャーによるコード進行

1. 同一コードタイプの連続

　異なるルートを持つ同一のコードタイプが連続するようなパターンは、ジャズのイントロやエンディング、もしくはロックなどでよく耳にするコード進行です。ここでは図Ⅱ-1aに代表されるような、同一コードタイプが連続する進行について学んでいきましょう。

図Ⅱ-1a

　図Ⅱ-1aのように異なるルートを持つ同一のコードタイプが連続する進行をコンスタントストラクチャー（Constant Structure、恒常的な構造）によるコード進行と呼びます。上記の例ではメジャーセブンスのコードパターンですが、もちろんマイナーセブンスやドミナントセブンスが連続して使われる進行もよく使用されます。

図Ⅱ-1b

図Ⅱ-1c

2. コンスタントストラクチャー上のルートモーション

コンスタントストラクチャーによる和声進行は以下のふたつのパターンに分かれます。

A.各コードがコードファンクションを持っている場合
（それぞれのコードがローマ数字でアナライズできる場合）

B.各コードがコードファンクションを持っていない場合
（それぞれのコードがローマ数字でアナライズできない場合）

ここでは図Ⅱ-2a及び図Ⅱ-2bの例を比べながらこれらの進行がA.とB.どちらのパターンに当てはまるのかを考えていきましょう。

図Ⅱ-2a

図Ⅱ-2b

これらの楽譜はルートの異なるメジャーセブンスコードが連続しているので、どちらの進行もコンスタントストラクチャーと呼ぶことができます。その上でまずは各進行のルートの動きを見ていきましょう。図Ⅱ-2aの例ではCmaj7から始まり、ルートは一音半上行、二音半上行、二音半上行、半音下行と動き、再びCに戻ります。それに対し、図Ⅱ-2bの例では各コードのルートが規則的に一音半ずつ上行しています。

ここで音程に規則性を持つクロマティックスケール、ホールトーンスケールやオクタトニックスケールを思い出してみてください。どれも一定の音程（クロマティック

スケールは半音のみ、ホールトーンスケールは全音のみ、オクタトニックスケールは全音と半音の繰り返し）の積み重ねによってできる音階であるため、単にこれらのスケールを弾いただけでは、調性の中心となるトーナルセンターを見つけることはできません。

　それに対し、メジャースケールはどうでしょうか。こちらは"全音＋全音＋半音＋全音＋全音＋全音＋半音"という一定ではない音程の積み重ねで作られるスケールです。この非対称性により、サブドミナントやリーディングトーンといった不安定な音（隣接する音へ解決したい音、サブドミナントであればミディアントもしくはドミナントへ、リーディングトーンはトニックへ）を生み、結果としてトニックという、他の音を引きつける重心、即ちトーナルセンターを作っているのです。

　図Ⅱ-2aのフレーズを聴いてみると、一定のコードタイプの繰り返しにも関わらず、四小節目から五小節目に移行する際に和声進行上の着地感、即ちCメジャーキーの調性感が感じられたかと思います。つまりこの進行は同一のコードタイプの繰り返しパターンでありながら、各コードがCメジャーキーの調性を作り出すファンクションを持っているからです。もちろんハーモニックリズムによってフレーズの着地点が作られているという側面もありますが、図Ⅱ-2aではルートモーションの非対称性がトーナルセンターを作り出しています。

　図Ⅱ-2bの例に関してはどうでしょうか。こちらも四小節目から五小節目で、Cmaj7への薄い解決感が感じられるかも知れません。しかしながらこれはハーモニックリズムによって作られる解決感であり、和声進行そのものがトーナルセンターを作り出しているのではありません。これを分かりやすく解説するため、図Ⅱ-2bの四小節目、五小節目の和声進行を少しだけ変えた楽譜例図Ⅱ-2cについて考えていきましょう。

図Ⅱ-2c

　この場合、薄い解決感がCmaj7ではなくE♭maj7で感じられたのではないでしょうか。規則的なルートモーションを持つ場合、各コードはトーナリティを作り出す和声

的な機能を持たないということになります。つまりルートモーションが一定のコンスタントストラクチャーによるコード進行の場合、ハーモニックリズムとフレーズが着地するコードがコンスタントストラクチャー後のトーナリティに大きく影響を与えることになります。このような性質を利用すれば、コンスタントストラクチャーを用いて任意のキーに転調をすることもできます。この点に置いては前述のエクステンデッドドミナントの着地と非常に似ていると言えるでしょう。

3. コンスタントストラクチャー上のメロディとコードスケール

　コンスタントストラクチャー上のコードがファンクションを持っているかどうかの判断基準はルートモーションが一定かどうかですが、コード進行上のメロディとコードスケールも見極める手がかりとなることがあります。図Ⅱ-2aの例の場合、コンスタントストラクチャー上のメロディはコードをまたいだフレーズとなっていますが、一方、図Ⅱ-2bの場合（特に１小節目から３小節目）、ルートモーションに合わせて短いフレーズが平行して（移調されて）存在しています。このようにコンスタントストラクチャー上のコードがファンクションを持たない場合、コードごとに平行なフレーズが独立しているパターンが多く見られます（もちろん図Ⅱ-2bの３小節目と４小節目のようにフレーズに繋がりが見られる場合もあります）。

　次にコードスケールを考えていきましょう。図Ⅱ-2aの場合ですと、１小節目のみイオニアンで、２～４小節目まではリディアンとなっています。各コードが異なるコードスケールを持っているため、各コードが平行・独立しているように聴こえません。それに対し、図Ⅱ-2bの進行では各コード上のコードスケールはすべてイオニアンとなっています。この場合、各コード間でトーナリティの繋がりが希薄なため、突然転調が非常に短い間隔で行われているような印象を聴き手に与えます。

　今度は以下の図Ⅱ-3aと図Ⅱ-3bの楽譜を比べてみましょう。

図Ⅱ-3a

図Ⅱ-3b

　どちらも同一のコンスタントストラクチャーによるコード進行です。メロディに関してはコードごとに平行な短いフレーズではなく、三小節でひとつのまとまったフレーズとなっていますが、どちらか一方が"A.各コードがコードファンクションを持っているパターン"、他方が"B.各コードがコードファンクションを持っていないパターン"となっています。ではこのふたつのフレーズの違いを考えていきましょう。

　まず見て分かる通り図Ⅱ-3aと図Ⅱ-3bの一番の違いは、1小節目と3小節目の臨時記号の付け方によるものです。この違いが生まれるのは、メロディで使用されているコードスケールが異なるからです。図Ⅱ-3aの場合、使用されているコードスケールは一小節目から、Cエオリアン、Dドリアン、Eフリジアンで、それぞれ異なったコードスケールが用いられています。これに対し、図Ⅱ-3bではCドリアン、Dドリアン、Eドリアンと同一のコードスケールが平行に存在しています。つまり図Ⅱ-3aでは、同一のコードタイプでもコードごとに違った機能を持っていますが、図Ⅱ-3bの場合は各コードが並行して存在しており、トーナルセンターが確立されていません。以上より図Ⅱ-3aには"A.各コードがコードファンクションを持っているパターン"が当てはまり、図Ⅱ-3bは"B.各コードがコードファンクションを持っていないパターン"となっているフレーズだということが分かります。このようにコード進行だけからではコンスタントストラクチャー上の各コードがファンクションを持っているかどうかが判断しかねる場合でも、メロディやコードスケールを手がかりに和声の分析を行うことができる場合もあります。

4. コンスタントストラクチャーのコードアナライズ

　ここからは、コンスタントストラクチャーによるコード進行を実際にアナライズする方法について解説を行っていきます。まずは各コードがファンクションを持つ場合を考えていきましょう。図Ⅱ-2aのコード進行に関しては第六編で勉強をしたモーダルインターチェンジによって解釈することができます。♭Ⅲmaj7（ドリアンモーダル

インターチェンジ)、♭VImaj7 (エオリアンモーダルインターチェンジ)、♭IImaj7 (フリジアンモーダルインターチェンジ) はいずれも代表的なモーダルインターチェンジコードなので、コンスタントストラクチャーだからといって特別なアナライズは必要ありません。そのため、アナライズに関しては通常通りローマ数字を使ったアナライズとなります。

図Ⅱ-4a

次に図Ⅱ-3aについて考えていきましょう。調号からキーはCマイナーということが分かります。この点から一小節目のC-7がI-7となります。続くD-7、E-7上のコードスケールはDドリアン、Eフリジアンですので、CメジャーキーでのII-7、III-7と一致することが分かります。つまり二小節目、三小節目はイオニアンモーダルインターチェンジと解釈することができます。よって、図Ⅱ-3aは以下のようにアナライズすることができます。

図Ⅱ-4b

以上のフレーズはそれぞれのコードが調性感を生み出すファンクションを持っているので、ローマ数字でアナライズできましたが、各コードがファンクションを持たない図Ⅱ-2b、図Ⅱ-2c及び図Ⅱ-3bの場合はどうでしょうか。

ローマ数字によってアナライズするにはトニックであるIが明確になっている必要がありますが、ファンクションを持たないコンスタントストラクチャーの場合には明確なトーナルセンターが確立されていませんから、トニックに対するルートの音程に

よって決定されるローマ数字でのアナライズを行うことができません。そのため異なる記述が必要となってきます。一小節目のCmaj7をImaj7とすると、以下が図Ⅱ-2bのアナライズになります。

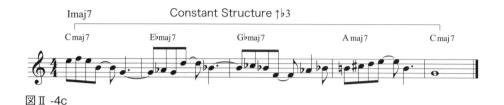

図Ⅱ-4c

　図Ⅱ-2bのアナライズに関しては、このように、連続する同一タイプのコードのルートの音程が何度移動するかを、矢印を用いて表します。図Ⅱ-2aのモーダルインターチェンジの理論を持ち出す必要はなく、同一のコードタイプがパラレルに積み重なっているという説明を付けるだけで問題ありません。
　同様に、図Ⅱ-2cは以下のようになります。

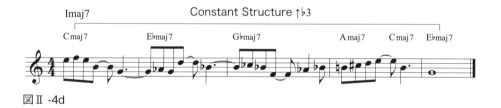

図Ⅱ-4d

　図Ⅱ-3bの場合は、各コードに各ドリアンスケールが並列に使われているので、同様にトーナルセンターが確立されていないため、図Ⅱ-2b、図Ⅱ-2c同様に以下のようにアナライズされます。

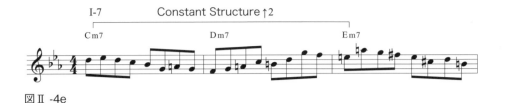

図Ⅱ-4e

　コンスタントストラクチャーによるコード進行上にメロディやテンションを付ける際、各コードがファンクションを持つ場合にはモーダルインターチェンジのコードスケールとテンションを適用することができます。それぞれのコードがファンクションを持たない場合には、特に指定がない限りはテンションもコードスケールも自由に選んでしまって良いでしょう。コンスタントストラクチャーの最初と最後のコードに関しては、前後のコードとの整合性が求められますが、それ以外のコードに関しては突然転調の連続と解釈ができます。ただ図Ⅱ-3bのように、コードチェンジごとに同一のコードスケール、同一のテンションを並行して繰り返し使う方が和声進行の規則性が増すため、調性の重心が失われ、"各コードがコードファンクションを持っていないパターン"を強調することができます。

　しかしながら調性感の感じ方というのは聴き手の受け取り方によっても大きく変わりますし、ひとつの楽譜で数通りの理論的解釈ができる場合も多々あります。作曲をする際、また楽曲の分析を行う際にはぜひとも柔軟な姿勢で取り組み、コンスタントストラクチャー上でいろいろなコードスケールやテンションを試して、より良いサウンドを探してみて下さい。

練習問題

問59 以下の同一コードタイプが連続するコード進行のアナライズを行いなさい。ただし、どちらのコード進行も第一小節をImaj7とする。

III. マルチトニックシステム

1. 短期間での調性の変遷

コンスタントストラクチャーによるコード進行に関連して、ここではマルチトニックシステム（Multi-Tonic System、複数の調性を持つ体系）について紹介します。再び図II-2aの和声進行を例に考えていきましょう。

図III-1a

図III-1aはImaj7であるCmaj7から始まりますが、これを♭IIImaj7であるE♭maj7からスタートさせて一小節ずらすと図III-1bとなります。

図III-1b

図III-1bはそれぞれのコードの機能は維持されたままですが、コード進行の開始地点が変更されるため、楽曲の持つ和声進行のニュアンスは大きく変わります。これと同様に♭VImaj7、♭IImaj7からスタートする楽譜は以下のようになります。

図Ⅲ-1c

図Ⅲ-1d

これらのコード進行も図Ⅲ-1b同様、それぞれのコードがCをトーナルセンターとして別々のサウンドを持っているため、図Ⅲ-1aとは異なるサウンドに聴こえます。

今度は図Ⅲ-1aの楽譜に各コードのレラティブマイナーとツーファイブを加え、楽曲としての体裁を整えてみましょう。すると、図Ⅲ-1eのようになります。

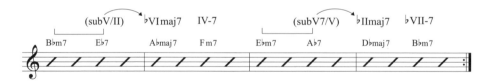

図Ⅲ-1e

この譜例はモーダルインターチェンジとサブスティテュートドミナントの偽絡止によって以上のようにアナライズすることができますが、ここでは便宜上4小節ごとに短い転調を繰り返しているという解釈をして、新たにアナライズをしてみましょう。

すると図Ⅲ-1fのようになります。

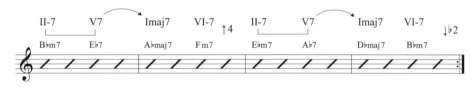

図Ⅲ-1f

　図Ⅲ-1fでは転調によって変化するトーナルセンターの変遷は、1音半上行、二音半上行、二音半上行、半音下行と変化します。各調でII-7→V7→Imaj7→VI-7という同様のコード進行となっていますが、転調の音程幅が異なるため、それぞれの調が楽曲の中でオリジナリティを持っています。図Ⅲ-1a〜図Ⅲ-1dの例と同様に、コード進行が1小節目、3小節目、5小節目、7小節目からスタートする場合でそれぞれ異なったサウンドが得られます。

　それに対して図Ⅱ-2bのコード進行の場合はどうでしょうか。

図Ⅲ-1g

　このコード進行の始まりをずらし、E♭maj7、G♭maj7、Amaj7からスタートさせた場合は以下の図のようになります。

図Ⅲ-1h

図Ⅲ-1i

図Ⅲ-1j

　図Ⅱ-2aのコード進行と異なり、この場合はどのコード進行も、始点がずれただけで、まったく同じサウンドに感じられるかと思います。前述の例と同様に、ここでも各コードのレラティブマイナーとツーファイブを加え、楽曲としての体裁を整えてみましょう。

図Ⅲ-1k

この場合2小節ごとに同じ幅（一音半）での転調が繰り返され、4回の転調でまた元の調に戻るようにサイクルが作られています。つまりトーナルセンターが等しい音程幅で循環しているため、1小節目、3小節目、5小節目、7小節目のどの小節からスタートしても同一サウンドが得られることが分かります。

　図Ⅲ-1fも短い期間で転調を繰り返しているのですが、転調の音程幅が異なるため、それぞれの転調先のキーが異なるキャラクターを持っている（1、3、5、7のいずれかの小節からスタートするかによって楽曲のサウンドが変わる）のに対して、図Ⅲ-1kは同音程の移調によってサイクルを形成しているため、楽曲を通してどのキーにもまったく等しい調性的価値が置かれています。この対称的なトーナルセンターのサイクルを持つ性質をマルチトーナリティ（Multi-Tonality、複数調性）と呼び、このようにオクターブを同じ音程幅で分割し、ひとつの楽曲に複数のトーナルセンターを持たせる体系をマルチトニックシステムといいます。

2. 五種類のマルチトニックシステム

　Ⅲ-1kの例の場合はトーナルセンターを一音半で4分割しているので、4トニックシステムと呼びます。分割する音程幅によって、以下のように計5種類のマルチトニックシステムが存在します。以下はCを基準に5種類のマルチトニックを示した例です。

図Ⅲ-2a

図Ⅲ-2b

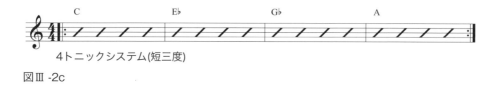

図Ⅲ-2c

図Ⅲ-2d

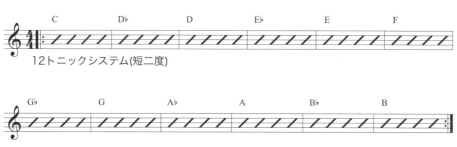

図Ⅲ-2e

　以上がマルチトニックシステムの概要です。このコンセプトを知っておけば、部分的な転調の多い楽曲でマルチトニックシステムが採用されていることを発見できるはずです。作曲において必ずしも多用されるテクニックではありませんが、楽曲制作の幅が広がる可能性があるので、ぜひこの概念を覚えておきましょう。

練習問題

問60 以下のマルチトニックシステムが用いられたコード進行を、短い転調の繰り返しと解釈して、アナライズを行いなさい。

問61 問60のコード進行で現れるマルチトニックシステムは、2〜12トニックシステムのうち、どのマルチトニックシステムが用いられているか答えなさい。

IV. コンティギュアスモーション

1. ドミナントコードの連続

コンスタントストラクチャーによるコード進行の中で、以下の項目を満たす進行を特にコンティギュアスモーション（Contiguous Motion、連続する動き）と呼びます。

　A.ドミナントセブンスコードの連続である

　B.ルートの動きが半音上行、全音上行、短三度上行または長三度下行のいずれかである

　このコンティギュアスモーションはジャズスタンダードやジャズの影響を受けた楽曲においてよく見られる進行となっています。ただ長三度下行の進行は他の3パターンに比べて使用される頻度はそう多くありません。
　まずは半音上行のコンティギュアスモーションのコード進行とアナライズの例である図Ⅳ-1aを例にとってみましょう。

図Ⅳ-1a

　ここでは2小節目から4小節目にかけてコンティギュアスモーションが成立しています。前後のドミナントセブンスコードには調性的な繋がりがないため、上記のようにアナライズを行います。第五編で勉強したエクステンデッドドミナントがそうであったように、コンティギュアスモーションもまたドミナントコードの連続であり、最

後のドミナントコードがコンティギュアスモーション終了後の調性に決定的な影響を与えます。この性質により、転調の手段としても利用することができます。

2. コンティギュアスモーションとツーファイブ

またコンティギュアスモーション内のドミナントセブンスコードは、しばしばリレイティッドII-7を伴います。次の図IV-2aを見て下さい。

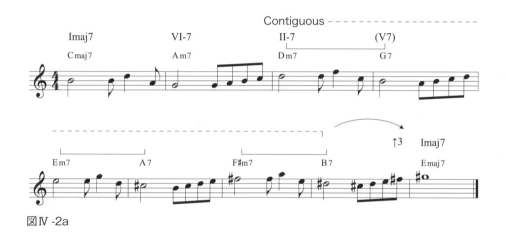

図IV-2a

これは全音上行するタイプのコンティギュアスモーションの例です。図IV-1a同様、コンティギュアスモーション内のツーファイブは前後のツーファイブと基本的に調性的なつながりがないので、ローマ数字によってアナライズすることができません。よって上記のようにアナライズを行います。

今回の例ではセカンダリードミナントの偽終止の連続と解釈することもできなくもありません。ただ8小節目のB7をV7/IIIと考えた際には、メロディに含まれるC♯はアヴェイラブルテンションではありません（V7/IIIのアヴェイラブルテンションは♭9thか♯9thとなります）。ですのでメロディに着目をすると、この場合はセカンダリードミナントの偽終止の連続と捉えるより、コンティギュアスモーションと解釈した方がより自然です。

図IV-2aの例では、繰り返されるツーファイブ上のメロディはすべて同一で、全音ずつコードに合わせて転調されています。コンスタントストラクチャーの場合と同様

に、平行なメロディが繰り返されると、ツーファイブごとにトーナルセンターがずれていく印象が強まります。

次に短三度上行するコード進行、図Ⅳ-2bの例を考えてみましょう。

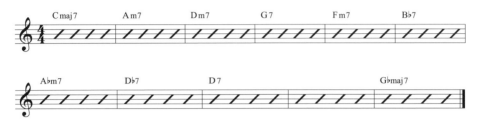

図Ⅳ-2b

この進行では一聴すると第九小節目で、意外なキーに着地したかのように聴こえますが、第八小節のD♭7がディレイドレゾリューションとしてG♭maj7に解決しています。

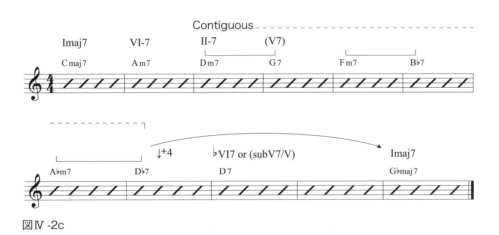

図Ⅳ-2c

エクステンデッドドミナント同様、続く展開が予測されがちなコンティギュアスモーションですが、このようにコード進行に工夫を凝らし、聴き手の意表を突いてみるのも面白いでしょう。

以上がコンティギュアスモーションの概要です。理論書によってはコンティギュア

スモーションとコンスタントストラクチャーを完全に別々の技法として紹介しているものもありますが、本書ではコンティギュアスモーションはコンスタントストラクチャーのバリエーションのひとつであるというスタンスで解説をしました。

練習問題

問62 リレイティッドII-7を含むコンティギュアスモーションを用いて、以下コード進行の第五小節Imaj7に終始するように、第三小節及び第四小節にコードシンボルを書き入れなさい。

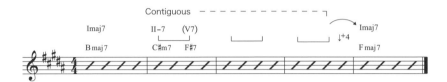

第十二編

コンパウンドコード

I. コンパウンドコードの基礎

1. コンパウンドコードの種類

　コンパウンドコード（Compound Chord、合成和音）はコードシンボルがスラッシュ（/）、もしくは括線（—、分数の分母と分子を仕切る横線）によって仕切られているコードです。その形から、日本では分数コードと呼ばれることもあります。

　スラッシュが用いられるコードはスラッシュコードと呼ばれ、左側が上声の和音を意味し、右側がベース音を示します。スラッシュコードの左側のコードはコード全体の中で高音部を表しているため、アッパーストラクチャー（Upper Structure、上部構造）と呼びます。

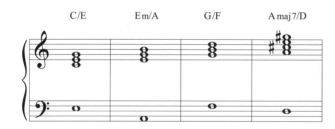

図 I -1a

　括線で仕切られたコードシンボルはポリコード（Polychord、複合和音）と呼ばれ、この場合上側に表記されたコードと下側に表記されたコードが同時に演奏されます。ただし上側のコードは下側のコードよりも必ず高く演奏されます。スラッシュの場合と同様に上側のコードをアッパーストラクチャーと呼び、下側のコードはロウアーストラクチャー（Lower Structure、下部構造）と呼びます。

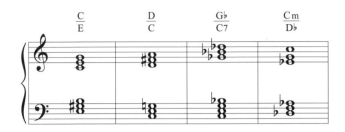

図Ⅰ-1b

コンパウンドコードは以下の三種類に分類されます。

A.コードの転回形
B.ハイブリッドコード
C.ポリコード

　A.コードの転回形と、B.ハイブリッドコードの表記にはスラッシュコードが使われ、ポリコードには括線が用いられます。コードの転回形については既に解説済みなので、この編では残りのコンパウンドコードであるハイブリッドコードとポリコードについて学んでいきます。

2.　ハイブリッドコードの特徴

　ハイブリッドコードは和音構成音として三度を含まないコードであり、通常は三度の代わりに二度、もしくは四度を構成音として含みます。表記の仕方はコードの転回形と同様にスラッシュ（/）を用います。転回形と決定的に異なる点としては、最低音（スラッシュの分母にあたる部分）を必ずルート音として扱うという点が挙げられます。以下、Cメジャーキーでの代表的なハイブリットコードを例に、ハイブリッドコードの特徴を勉強していきましょう。

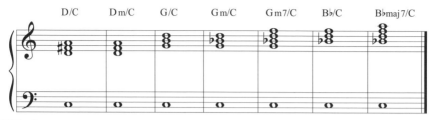

図Ⅰ-2a

　まずD/CやDm/Cといったコードを見たら、セブンスコードであるD7やDm7の転回形とまったく同じ和音構成であるということに気づくかと思われます（ただ通常セブンスコードの転回形であればD7/CやDm7/Cといった表記がされるのが一般的です）。サウンドとしてはまったく同じものになりますが、転回形D7/Cとハイブリッドコード D/Cの違いとしては、転回形D7/Cはあくまでも最低音がコードの第四音となるCで、ルートはDであるという捉え方であるのに対し、ハイブリッドコードの場合は最低音とルートはともにCであると捉えられます。即ちCメジャーキーで転回形D7/CはV7/Vの第三転回形と解釈されるのに対して、D/CはImaj7 (9,#11,13)の三度と七度が省略されたコードと捉えられます。同様にDm/Cもハイブリッドコードとして捉えると、マイナーセブンスコードの転回形ではなく、テンションに9th、11thを含むトニックドリアンコードの三度省略形、もしくは9thと13thを含むIsus4コードと解釈することができるでしょう。

　続いて、Gメジャートライアド、Gマイナートライアドもしくは B♭メジャートライアドを含むコードについて考えていきましょう。これらのコードについては、ベース音がアッパーストラクチャーコードの構成音ではありませんが、ベース音が11thや9thといったアッパーストラクチャーコードのテンションになり得る音高であることから、テンションコードの転回形と考えてしまいがちです。しかしテンションノートはベース音とすることはできません。テンションノートを最低音とした場合、一般的には人間の耳にはベースをテンションノートとして認識することが難しく、ベース音をルートとして認識すると考えられています。つまりGm7/Cというサウンドを聴いた際には、このコードはGm7 (11)とは聴こえず、Cがルートの別のコードとして捉えられるということです。そのため、Gm7/Cはテンション9thと11thを含むマイナーコード、もしくはテンション9thを含んだsus4コードと解釈されます。

3. ハイブリッドコードの置換

ハイブリッドコードには三度がないため、メジャーともマイナーともつかない曖昧な響きを持った和音となります。ハイブリッドコードの非常に興味深い特徴として、正しく使用された場合にはトニックやドミナントといった機能を持っている、通常の三度を含んだコードと交換が可能であるという点が挙げられます。実際に以下のコード進行を例に、通常のコードとハイブリッドコードの交換について考えていきましょう。

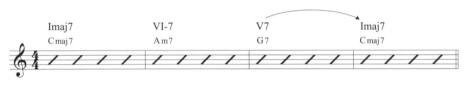

図Ⅰ-3a

図Ⅰ-3aはシンプルなドミナントモーションの一例です。以上のようにアナライズすることができるのは、G7とCmaj7の両方にリーディングトーンである三度と七度を含んでいるから、調性はCメジャーキーということが容易に判断できるためです。さて今度は、この進行から七度を除いたコード進行を考えていきましょう。すると、以下のような進行となります。

図Ⅰ-3b

この場合は図Ⅰ-3a同様にCメジャーキーであると捉えた場合は、Gがドミナントで、Cがトニックとも解釈できます。しかしながら、これらのコードはCメジャーキーに対してダイアトニックコードであると同時に、Gメジャーキーに対するダイアトニックコードでもあります。そのためGをトニックでCがサブドミナントと解釈すると、以下のようなアナライズをすることも可能です。

図Ⅰ-3c

どちらの解釈が正しいかは、前後のコード進行、そしてトーナルセンターによって決定します。このようにリーディングトーンが失われるとコードファンクションはやや曖昧になりますが、調性が定まっている場合には、コード進行の中でセブンスコードをトライアドと交換しても全体の和声進行の流れと各コードファンクションに変化はありません。

三度を含んだ通常のコードとハイブリッドコードの置換は、セブンスコードとトライアドの置換と似ている部分があります。図Ⅰ-3dは、図Ⅰ-3aの例に示されているダイアトニックセブンスコードをハイブリッドコードと置換した例です。

図Ⅰ-3d

G/CはルートがCですが、三度が欠けているので、コード構成音から、G/CはCmaj7$^{(9)}$とCm(maj7)$^{(9)}$の両方の置換と捉えることができます。D-/GはG7$^{(9)}$やGm7$^{(9)}$の置換と解釈することが可能です。コードアナライズも以下の例のように複数通りの解釈が存在し、最終的な判断はメロディや前後のコード進行によって決定づけられることになります。

図Ⅰ-3e

図Ⅰ-3f

このように三度の欠如から、ハイブリッドコードは曖昧なサウンドを作り出す特徴を持っています。今度はツーファイブを含むダイアトニックなコード進行である、図Ⅰ-3gの各セブンスコードをハイブリッドコードと交換してみましょう。

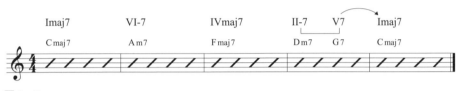

図Ⅰ-3g

以下が図Ⅰ-3gのセブンスコードをハイブリッドコードと置換したコード進行の一例です。

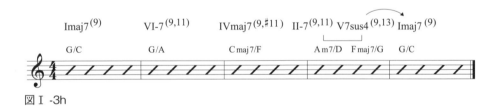

図Ⅰ-3h

　三度がないために各コードだけを考えた場合は、コードファンクションが感じられませんが、いずれのハイブリッドコード構成音もすべてCメジャーキーに対してダイアトニックであるため、全体の進行の中では、トーナルセンターを明確に感じることができます。このように交換可能なハイブリッドコードを代理として用いた場合、コードの機能は曖昧にはなりますが、コードの機能そのものが変わったり、調性感が極端に崩れて聴こえたりはしない特徴があります。

　ポピュラー音楽や19世紀以前のバロック派〜古典派のクラシック音楽作品では三度

のない和音の使用は、sus4などの一部コードを除いては、調性感が曖昧となるために使用されることは稀です。しかし、ハイブリッドコードを効果的に使用することで、図Ⅰ-3hのようなメジャーともマイナーともとれる曖昧さを持った独特のサウンドを得ることができるので、ハイブリッドコード理論はぜひとも習得したい和声技法のひとつです。

練習問題

問63 以下コード進行の各コードのコードシンボルを指摘し、それぞれのコードを基本形、転回形、ハイブリッドコード、ポリコードのいずれかに分類しなさい。ただしコードシンボルを指摘する際に、括弧を用いたテンションの記入はしないこととする。

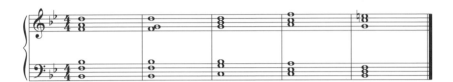

II. ハイブリッドコードの導出

1. メジャーキーでのハイブリッドコードの導出

　上述の例ではダイアトニックコードと交換可能なハイブリッドコードを代理として使用してきました。代理としてハイブリッドコードを使う場合、それぞれのコードに対して交換可能なハイブリッドコードをひとつひとつ覚えていく必要はありません。正しくコードアナライズができれば、交換可能なハイブリッドコードを導き出すことができます。ただそのためには、ここまで学習した知識を総動員する必要があります。
　交換可能なハイブリッドコードの導出は以下の手順となります。

手順1：コードアナライズを行い、コードスケールを導出します。

手順2：コードスケールからコードのルートと、三度（テンション♯9もここでは三度とみなします）及びアヴォイドノートを取り除き、残りのスケール構成音でトライアド、もしくはセブンスコードを作ります。

手順3：手順2で生成されたトライアド、もしくはセブンスコードにコードのルートをベース音として加えます。

　基礎的な和声の理解がしっかりとしていれば、ハイブリッドコードは比較的シンプルな手順で導き出すことができます。一点だけ注意が必要なのは、♯9を含むコードスケールの場合です。ハイブリッドコードは三度を含まないのが特徴であるため、長三度を含まないコードに♯9を加えれば♯9はテンションノートではなく短三度と聴こえてしまいます。するとハイブリッドコードではなく、マイナーコードとしてコード進行中で認識され、コードファンクションが変わってしまいます。では以上の手順を用いて、実際に図Ⅰ-3gのコード進行を例にとって考えていきましょう。
　手順1に従いこのコード進行をアナライズして、その後それぞれのコードのコード

スケールを導出して下さい。すると、図Ⅱ-1aのようになります。

図Ⅱ-1a

まずは一小節目から考えていきましょう。導出されたコードスケールはCイオニアンとなりますので、ここからルート、三度、アヴォイドノートを取り除きます。

図Ⅱ-1b

すると、残りはD、G、A、Bの4音となります。以上の4音から作成できるトライアド、もしくはセブンスコードはGメジャートライアドとなります。そのため、Cmaj7と交換可能なハイブリッドコードは、Gメジャートライアドにベース音、Cを加えたG/Cとなります。

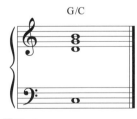

図Ⅱ-1c

続いて二小節目のAm7について考えていきましょう。こちらも同様に、まずはルート、三度、アヴォイドノートを取り除きます。

図Ⅱ-1d

　すると残りB、D、E、Gの4音となるので、これらの音から作成できるトライアドもしくはセブンスコードは、Eマイナートライアド、Gメジャートライアド及びEマイナーセブンスコードとなります。以上より、Ⅵ-7であるAm7と交換可能なハイブリッドコードは、Em/A、G/A、Em7/Aの3種類となります。

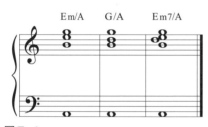

図Ⅱ-1e

　三小節目のリディアンスケールについてはアヴォイドノートが存在しないので、置換可能なハイブリッドコードも前述の2種類のコードよりも必然的に多くなります。リディアンスケールからルートと三度を取り除きます。

図Ⅱ-1f

　残ったG、B、C、D、Eの5音から作成できるトライアドとセブンスコードを用いてハイブリッドコードを導出すると以下の通りとなります。

第十二編　コンパウンドコード

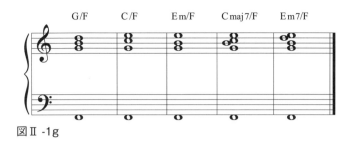

図Ⅱ-1g

　四小節目の前半、Dドリアンスケールから導出されるハイブリッドコードについて考えていきましょう。他の小節と同様に、まずはスケールからルートと三度、それからアヴォイドノートを除きます。

図Ⅱ-1h

　すると導出されるトライアド、セブンスコードは以下の通りとなります。

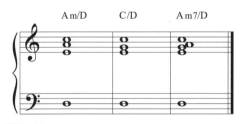

図Ⅱ-1i

　ここで、ドリアンスケールのアヴォイドノートについて再度考えてみましょう。トニックに対する長六度（Dドリアンスケールの場合はB）がアヴォイドノートとして扱われるのは、長六度をアヴェイラブルテンションとしてⅡ-7に加えた際に、短三度とトライトーンを構成し、ドミナントとしてのコードファンクションを持ってしまうので、Ⅱ-7とV7とのサウンドの違いが曖昧になってしまうためです。

353

ただし以前に勉強した通り、コードがサブドミナントとしての機能を持たないトニックドリアンやドリアンモードの楽曲の場合は、長六度はアヴォイドノートではなく、アヴェイラブルテンションとして解釈されます。つまりDm7がII-7ではなく、トニックドリアンの場合のI-7である場合には、長六度であるBもハイブリッドコードを構成するコードトーンとして使用可能です。Dトニックドリアンのハイブリッドコード導出は以下のようになります。

図II-1j

トニックドリアンの場合には図II-1iに加えて以下のような長六度を含むトライアド、セブンスコードを用いたハイブリッドコードも置換可能となります。

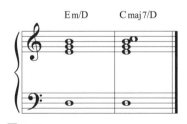

図II-1k

以上が体系的な理論に当てはめた場合のドリアンスケールのハイブリッドコードの考え方です。しかしながらメジャーでもマイナーでもない曖昧なサウンドがハイブリッドコードの醍醐味ですので、V7とのサウンドの区別が曖昧になってしまうからという理由で、II-7の置換において長六度を含んだハイブリッドコードを使用しないというのは本末転倒のようにも感じられます。もちろん聴き手の捉え方次第ですが、あえてII-7を、6を含むハイブリッドコードと置換することで、興味深いサウンドが得られるかもしれません。

最後に4小節目の後半のハイブリッドコードへの置換を考えていきましょう。通常

の手順通りミクソリディアンスケールからルート、三度及びアヴォイドノートを取り除きます。

図Ⅱ-1l

残ったA、D、E、FからはDマイナートライアドが作れるため、置換可能なハイブリッドコードはDm/Gとなります。

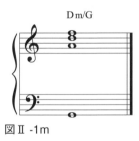

図Ⅱ-1m

またV7コード以外にも、V7sus4コードはミクソリディアンスケールがコードスケールとなっていることを以前に勉強しました。V7sus4コードはV7の場合とは異なり、長三度がアヴォイドノートとなっているため、4小節目のV7をV7sus4コードと置き換えて考えると、コード進行の幅が広がります。以下がV7sus4のコードスケールとなります。

図Ⅱ-1n

導出されるハイブリットコードは以下の通りで、完全四度をアヴォイドノートする場合よりもバリエーションが豊かになります。

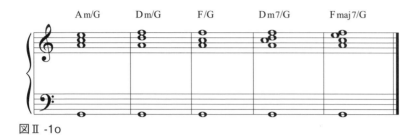

図Ⅱ-1o

　メロディやサウンドとの兼ね合いにもよりますが、ハイブリッドコードを使って作曲、編曲を行う際には、ドミナントコードとsus4コードを予め置き換えることによって、表現方法の幅が広がる可能性があります。

2. その他ダイアトニックコードスケール上のハイブリッドコード

　前項では一般的に広く使われているハイブリッドコードを勉強してきましたが、ここではその他のハイブリッドコードについて考えていきましょう。まずはダイアトニックコードのコードスケールである、フリジアンとロクリアンについてです。前回同様にCメジャースケールを例にとってみましょう。

　まずCメジャースケール上で、III-7コードのコードスケールであるEフリジアンのルート、三度及びアヴォイドノートを除いたコードスケールは以下の通りとなります。

図Ⅱ-2a

　残ったのはA、B、Dのみとなり、これらの音高からトライアドもしくはセブンスコードを作ることはできません。

Bロクリアンスケールについても同様にルート、三度及びアヴォイドノートを除くと、残る音高はE、F、G、Aとなるため、トライアドもセブンスコードも作ることはできません。

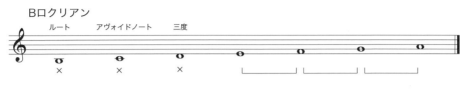

図Ⅱ-2b

しかしながら、フリジアンモードの楽曲や、トニックフリジアンとしてのI-7の場合には特性音として、積極的に短二度や短六度を使用したいというケースもあるかと思います。そういった際にはアヴォイドノートを含むハイブリッドコードをあえて使用することによって、面白いサウンドを得られる場合もあるかと思います。ただし、通常のⅢ-7でアヴォイドノートを含むハイブリッドコードを使用すると、やはり調性感を逸脱した和声に聴こえてしまいます。

ロクリアンスケールについても同様で、VII-7 (♭5) の置き換えとしてはアヴォイドノートを含むハイブリッドコードは調性を崩す恐れがありますが、同時に通常の調性音楽にはないようなユニークな響きが得られるので、ぜひいろいろと試してみてください。

3. 非ダイアトニックコードスケールのハイブリッドコード

最後に非常によく使われる非ダイアトニックコードスケールから導出されるハイブリッドコードについて勉強していきましょう。まずは頻出コードスケールのリディアン♭7から見ていくことにします。今回はトニックをCとして考えていきます。今回も通常通りリディアン♭7からルート、三度とアヴォイドノートを除くのですが、リディアン♭7はアヴォイドノートを含みませんので、以下のようにD、F♯、G、A、B♭の5つの音高が残ります。

図Ⅱ-3a

　以上の5つの音高から作成できるトライアド及びセブンスコードを使ったハイブリッドコードは以下の通りです。

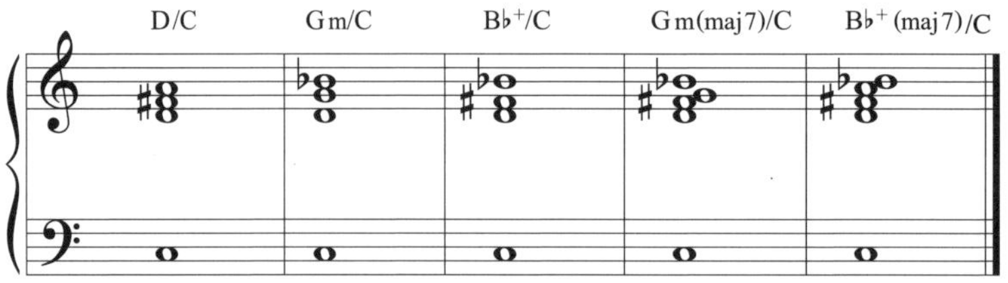

図Ⅱ-3b

　このように、ダイアトニックコードとまったく同じ方法で、非ダイアトニックコードでも置換可能なハイブリッドコードを導出することが可能です。加えて、オルタードテンションを多く含む非ダイアトニックコードスケールのオルタードスケールについて置換可能なハイブリッドコードの導出を行ってみましょう。トニックをCとして、同様の手順で、トニック、三度及びアヴォイドノートを除いていきましょう。オルタードスケールはアヴォイドノートを含みませんが、♯9を含んでいます。既に述べたように、♯9はハイブリッドコードの導出では三度として考えるので、♯9も除きます。

Cオルタード

図Ⅱ-3c

　すると残る音高はD♭、F♯（もしくはG♭）、A♭、B♭となるため、作成できるトライ

アドもしくはセブンスコードはG♭メジャートライアドのみとなり、オルタードスケールをコードスケールに持つコードと置換可能なハイブリッドコードは、G♭/Cとなることが分かります。

図Ⅱ-3d

　オルタードスケールでハイブリッドコードの導出ができれば、各セカンダリードミナントコードでも、置換可能なハイブリッドコードの導出は難しくないはずです。
　補足ですが、♭13を含むミクソリディアンコードスケールの場合、5と♭13とがコンディショナルアヴォイドノートになってしまうので、ハイブリッドコードの導出に影響があるのではないかと考えてしまう方もいるかと思います。しかし上述の手順に従った場合、♭13をスケール構成音に持つミクソリディアンコードスケールで、5と♭13との両方を含むトライアドもしくはセブンスコードを作ることはできませんので、コンディショナルアヴォイドノートについては、考慮に入れる必要はありません。
　以上のように、非ダイアトニックコードでも、コードスケールを正しく導出することができれば、置換可能なハイブリッドコードを導出することは難しくありません。ハーモニックマイナースケールやメロディックマイナースケールに属するコードやモーダルインターチェンジコードなどでハイブリッドコードの置換を行うことによって、さらにサウンドの幅は広がります。いろいろな使い方を研究して、ぜひ理想のサウンドを追求して下さい。

練習問題

問64 以下コード進行上の各コードと置換可能なハイブリッドコードを導出し、／を含むコードシンボルで表しなさい。

III. ポリコード

1. ポリコードの意義と必要性

　既に説明したように、ポリコードとは括線で区切られたアッパーストラクチャーとロウアーストラクチャーのふたつのコードの重ね合わせで構成されています。ポリコードは調性の枠にとらわれない二十世紀以降のクラシック音楽では非常にメジャーな和声のテクニックとして用いられています。しかし本書で用いられているような調性音楽内での和声の記譜法として、ポリコードが用いられることは多くありません。と言うのも調性音楽内でコード構成音を記述する方法としては、本書でも使用してきたコードシンボルだけでも、ルート、三度（または四度）、五度、七度（または六度）に加えてテンションを記述できるためです。例えば以下のような非常に構成音が多いコードでも、コードシンボルで示すことができます。

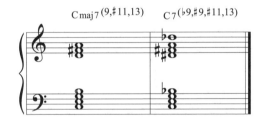

図III-1a

　一方ポリコードには、一般的なコードシンボルでは記述できない"コード構成音の積み重ね方"に言及ができるというメリットがあります。コード構成音の積み重ね方はコードヴォイシング（Chord Voicing）と呼ばれ、オーケストレーション、ピアノやギターでの伴奏の際には重要なファクターとなります。非常に便利なコードシンボル表記ですが、コードシンボルが示せるのは最低音と和音の構成音のみであるため、コードヴォイシングの記述がウィークポイントとも言えるでしょう。

同一のコードトーンを持つCmaj7 (9,#11,13) と $\frac{Bm7}{C}$ のヴォイシングを比べてみましょう。図Ⅲ-1bはCmaj7 (9,#11,13) のコードヴォイシングの例です。

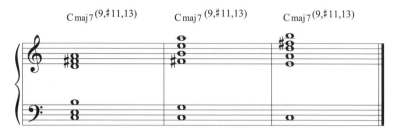

図Ⅲ-1b

Cmaj7 (9,#11,13) という表記では、最低音がCであるということ、それから構成音がルート、長三度、完全五度（省略可能）、長七度、長9度、増十一度、長十三度ということ以外の情報は含まれていません。ですので、どのような構成音の積み重ねになるかは不明です。

それに対して $\frac{Bm7}{C}$ の場合は以下のようなコードヴォイシングが考えられます。

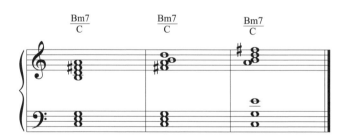

図Ⅲ-1c

こちらの場合も数通りのコードヴォイシングが考えられますが、ポリコードを使用する際には必ずアッパーストラクチャーの構成音B、D、F#、Aはロウアーストラクチャーの構成音C、E、Gよりも高音域に重ねられるというルールに従います。このように調性音楽内でのポリコード記述は、和音構成音の積み重ねに言及できる点において、同じ構成音を持つ通常のコードシンボル表記より、多くの情報を含んでいると言えるでしょう。

2. ポリコードの条件

ポリコードにはアッパーストラクチャーとロウアーストラクチャーに分けて和音を積み重ねるという特徴があります。そのためふたつの異なるコードの分離が明確な方が、聴き手に対してより有効な効果を与えると言えるでしょう。ポリコードのコードヴォシングについて、アッパーストラクチャーとロウアーストラクチャーの音程については最低でも三度以上は離し、また可能な限りアッパーストラクチャーの最低音と最高音は1オクターブ以内の音域に収めることが一般的です。

先ほどの、$\frac{Bm7}{C}$ を再度例にとって考えてみましょう。

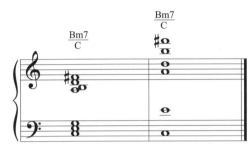

図Ⅲ-2a

図Ⅲ-2aの前半の例は、アッパーストラクチャーの最低音Aとロウアーストラクチャーの最高音Gの音程差が長二度のケースです。この場合は非常に音が狭い音域に詰まっているように聴こえ、ふたつのコードが分離しているようには聴こえにくく感じられます。後半の例はアッパーストラクチャーが非常に広い音域にまたがって配置されています。和音の広がりは感じられますが、こちらもアッパーストラクチャーとロウアーストラクチャーのふたつの異なるコードが同時に演奏されているようには聴こえにくくなります。どちらのコードヴォイシングも音楽的に誤りというわけではないのですが、ポリコードの特徴を十分に考慮したコードヴォイシングとは言えません。そのため、図Ⅲ-1cのヴォイシングのように、アッパーストラクチャーとロウアーストラクチャーの分離が明確な方が、ポリコードの特徴を十分に活かしていると言えるでしょう。

3. ポリコードの導出

　ポリコードはロウアーストラクチャーとアッパーストラクチャー、ふたつのコードの組み合わせとなるので、非常に多くのパターンが考えられます。無数に存在するポリコードの中から、狙い通りのサウンドを得られるポリコードを探し出すには、ハイブリッドコードの導出と同様に、コードスケールから導き出すのが非常に有効な手段となります。ポリコードの場合はハイブリッドコードと異なり、ルートに対し三度やテンション♯9thを含むことができるので自由度が高い分、調性感が損なわれないような注意も必要です。幾つかのコードスケールを例に、使用頻度の高いポリコードの導出を行ってみましょう。

　図Ⅲ-3aはドリアンコードスケールから作成できる代表的なポリコードです。

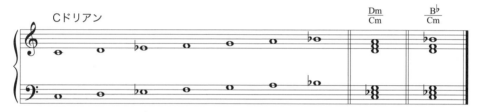

図Ⅲ-3a

　$\frac{Dm}{Cm}$ はコード構成音よりCm6 (9,11)、$\frac{B♭}{Cm}$ はCm7 (9,11) と解釈することができます。どちらのコードも、ドリアンをコードスケールとしているコードと置換することができます（ただし以前勉強したように、ツーファイブ上でのナチュラル6の使用は注意が必要です）。また $\frac{Dm}{Cm}$ はCをルートとした時の七度を含まないのでメロディックマイナーをコードスケールに持つコードとも置換することができます。同様に $\frac{B♭}{Cm}$ はCをルートとした時の六度を含まないので、エオリアンに由来するポリコードとも考えられます。

　次に、リディアンコードスケールについて考えてみましょう。

第十二編　コンパウンドコード

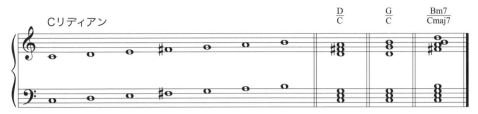

図Ⅲ-3b

$\frac{D}{C}$は使用頻度が非常に高い、代表的なポリコードです。長二度の音程差のあるメジャートライアドを重ねたこのコードはリディアンの特徴である♯11を含んでおり、コードトーンより、C6 (9,♯11)と解釈することができます。Cメジャートライアドと装飾的な6、9、♯11がロウアーストラクチャーとアッパーストラクチャーに上手に分離して、複雑な構成の多いポリコードの中でも非常にキャッチーなサウンドを作り出します。

$\frac{G}{C}$はCmaj7 (9)と同一の構成音を持ったコードです。ポリコードの中には$\frac{G}{C}$のように、ロウアーストラクチャーとアッパーストラクチャーで、共通のピッチを持つコードも多く含まれます。またこのコードにはリディアンを特徴付ける♯11が含まれていないため、イオニアンをコードスケールに持つコードと置換することもできます。

$\frac{Bm7}{Cmaj7}$はロウアーストラクチャーに4音、アッパーストラクチャーに4音のコードトーンを持ち、リディアンスケール内のピッチ、7音すべてを含んでいます。これはCmaj7 (9,♯11,13)と解釈することも可能です。リディアンスケールはアヴォイドノートを含まないので、このようなコードでも調性感を損なわずに進行の中に入れ込むことが可能です。ただし、複雑なコードではあるので、前後のコード進行やボイスリーディングが不自然なものにならないよう、注意が必要です。

最後にドミナント系の代表的なコードスケールである、ミクソリディアン♭9,♯9,♭13を例にポリコードを考えていきましょう。ドミナントの特性を活かすため、ここでの例はすべてロウアーストラクチャーをC7とします。

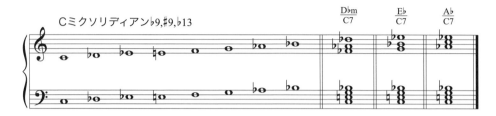

図Ⅲ-3c

　$\frac{D♭m}{C7}$のアッパーストラクチャー、D♭mの第二音であるF♭は、ロウアーストラクチャーC7の第二音とエンハーモニックとなるので、コード構成音としては、C7にD♭とA♭を加えたものとなります。従って、$\frac{D♭m}{C7}$はC7 (♭9,♭13)の別表記と考えることもできます。

　ハイブリッドコードの場合においては、三度やテンション♯9thの使用はできませんが、ポリコードの場合では問題ありません。そのため$\frac{E♭}{C7}$はC7 (♯9)と解釈することができます。

　$\frac{A♭}{C7}$のアッパーストラクチャーA♭の第二音、Cはロウアーストラクチャー C7のルートと共通となります。C7のコードトーンに含まれないA♭メジャートライアドの構成音は、E♭及びA♭ですので、$\frac{A♭}{C7}$はC7 (♯9,♭13)と捉えることが可能です。

　ポリコードは単一のコードスケールから無数に作成することができます。このような方法でポリコードを作成する際に調性感を失わないためには、コードスケールの特性音とアヴェイラブルテンションの理解、それからコード進行の流れを十分に考慮することが必要となってきます。

　以上がポリコードの解説です。テンションコードを使用する際には、その都度ポリコードだったらどういう表記ができるのかと考えてみてください。従来のコードシンボル表記の枠を超えた新たなサウンドの発見に繋がるかも知れません。またポリコードはテンションコードの別表記としてのみならず、モーダルミュージックでも非常に効果的なサウンドを得ることができますし、二十世紀以降のクラシック音楽で多用されていることからも、既存の調性音楽からの脱却を目指す意欲的な作曲家にはぜひ研究していただきたい和声技法です。

練習問題

問65 以下のコード進行上に示されるコードシンボルのうち、コード構成音を保ったままテンションコードはポリコードに、ポリコードは四和音、もしくはテンションコードに置き換えなさい。ただしポリコードへの置き換えについてはアッパーストラクチャー、ロウアーストラクチャーともにトライアドのみを使用すること。

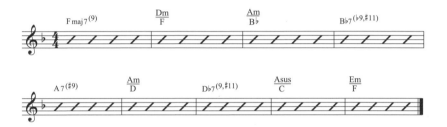

解 答 集

第一編

解答1

例：長二度　　長三度　　長七度　　増四度　　減五度　　長六度　　完全五度　　完全一度

解答2

例：長三度、短六度　　短六度、長三度　　増四度、減五度　　完全五度、完全四度　　短七度、長二度

解答3

例：Gメジャースケール、Eマイナースケール　　A♭メジャースケール、Fマイナースケール

Bメジャースケール、G♯マイナースケール　　D♭メジャースケール、B♭マイナースケール

解答4

例：Dメジャーキー、Bマイナーキー

A♭メジャーキー、Fマイナーキー

Bメジャーキー、G♯マイナーキー

G♭メジャーキー、E♭マイナーキー

解答5

解答6

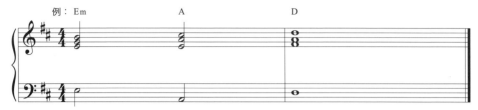

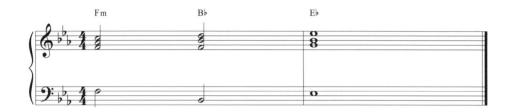

解答7

解答8

解答9

解答10

第二編

解答11

解答12

解答13

解答14

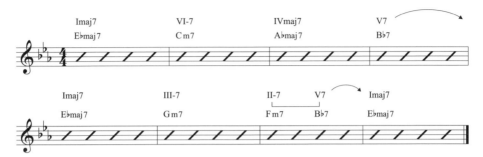

解答15

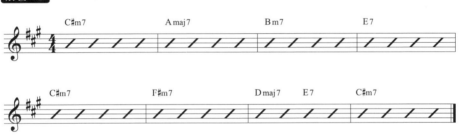

第三編

解答16

♯の数	1	2	3	4	5	6
メジャー	G	D	A	E	B	F♯
マイナー	E	B	F♯	C♯	G♯	D♯

♭の数	1	2	3	4	5	6
メジャー	F	B♭	E♭	A♭	D♭	G♭
マイナー	D	G	C	F	B♭	E♭

解答17

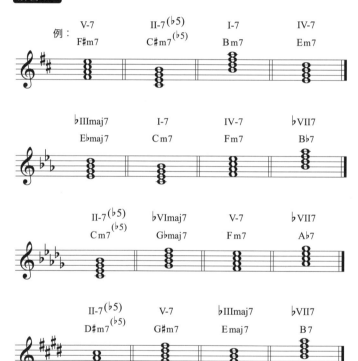

解答18

Bハーモニックマイナースケール

E♭ハーモニックマイナースケール

C♯ハーモニックマイナースケール

解答19

Fメロディックマイナースケール

G♯メロディックマイナースケール

B♭メロディックマイナースケール

解答20

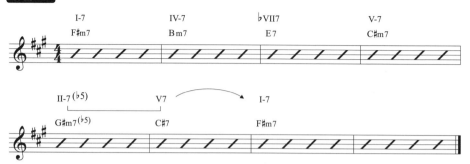

解答21 第六小節

第四編

解答22

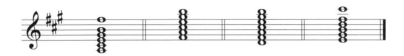

解答23

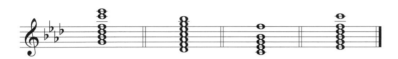

解答24

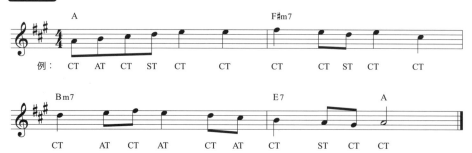

解答25

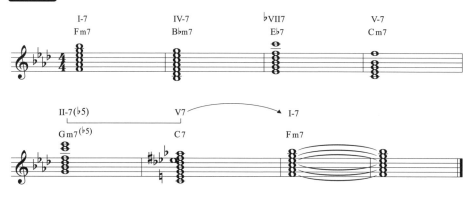

解答集

第五編

解答26

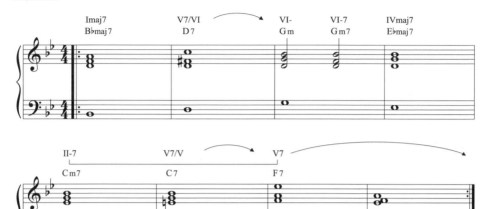

解答27

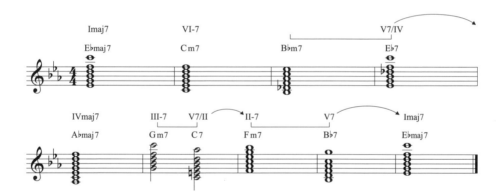

解答28

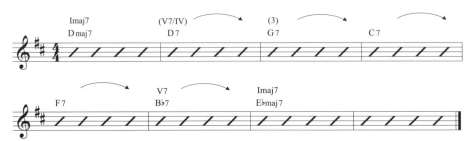

解答29

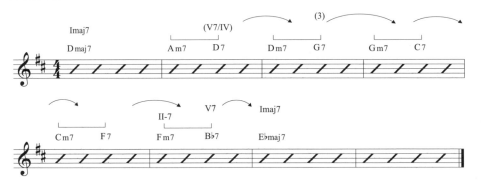

解答30

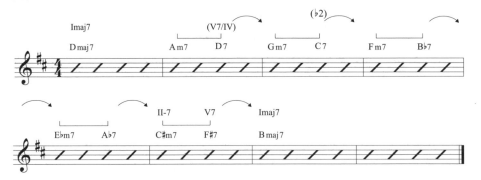

第六編

解答31

Eドリアン

B♭ミクソリディアン

Cロクリアン

Dリディアン

Cフリジアン

解答32

E♭ミクソリディアン

Gドリアン

C♯フリジアン

Aリディアン♭7

解答33

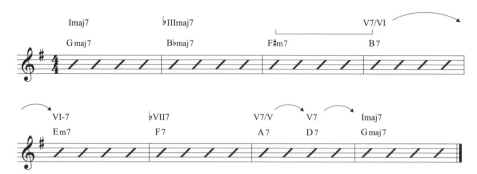

解答34

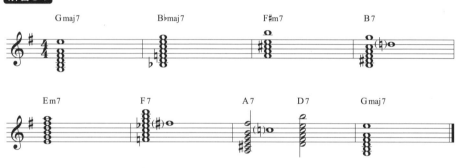

第七編

解答35

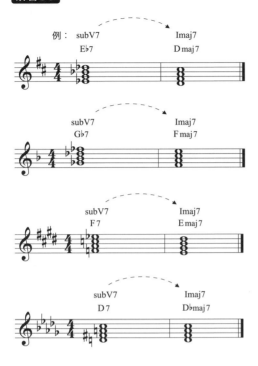

解答36

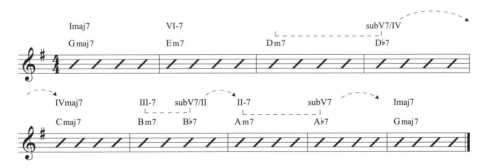

解答37

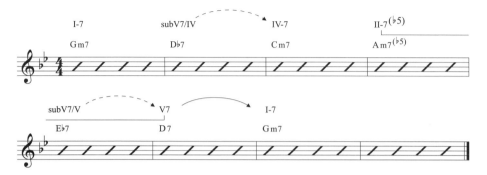

解答38

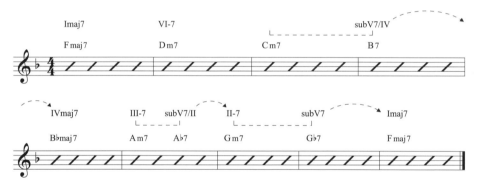

解答39

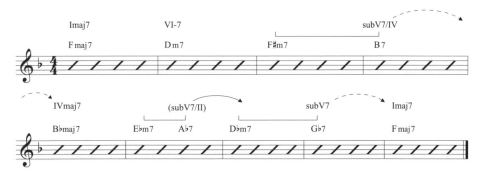

解答40

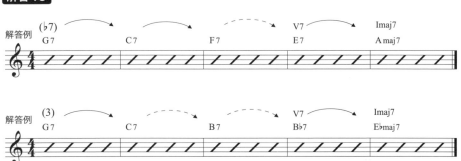

解答41

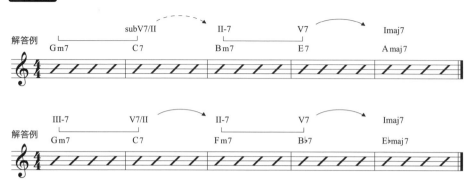

解答42

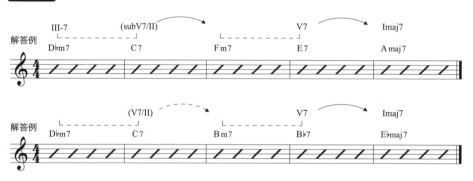

第八編

解答43

解答44

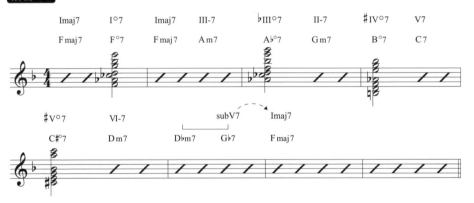

解答45

解答46

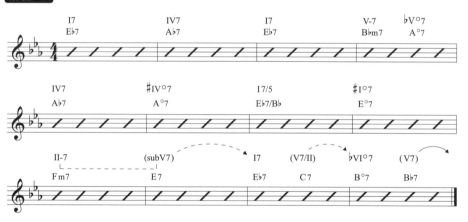

第九編

解答47

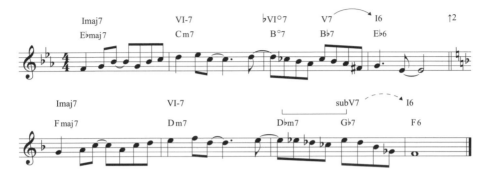

解答48 ダイレクトモジュレーション

解答49 転調の種類：ピボットコードモジュレーション

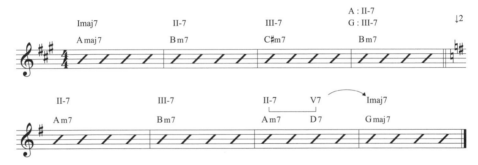

解答50

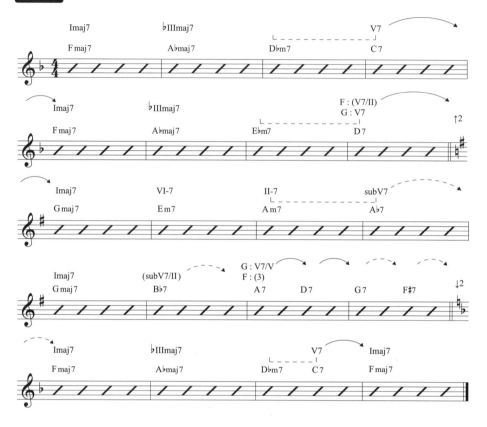

第十編

解答51

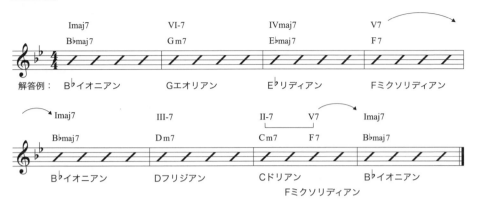

解答52

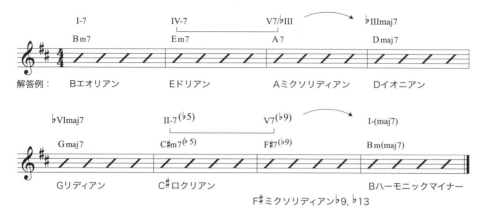

解答53

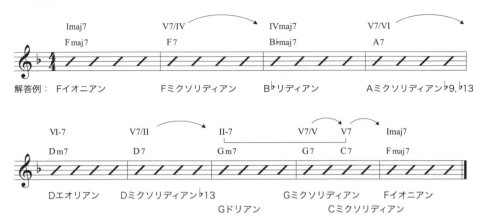

解答例： Fイオニアン　　Fミクソリディアン　　B♭リディアン　　Aミクソリディアン♭9,♭13

Dエオリアン　　Dミクソリディアン♭13　　Gミクソリディアン　　Fイオニアン
　　　　　　　　　　　　　　Gドリアン　　Cミクソリディアン

解答54

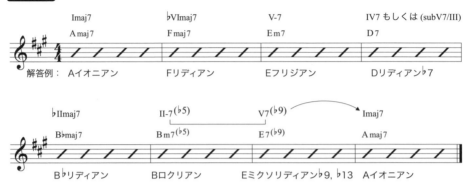

解答55

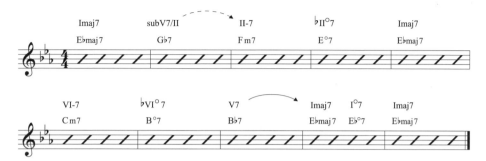

解答56

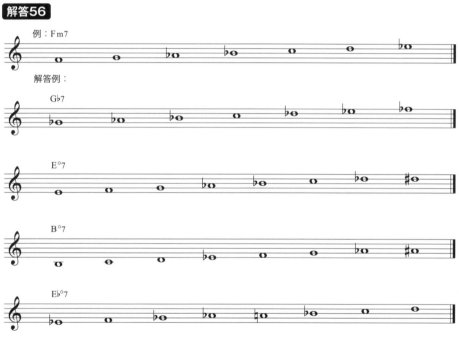

解答57

ドリアンモード

フリジアンモード

第十一編

解答58

解答59

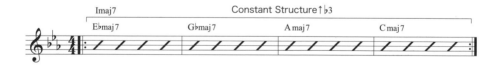

解答60

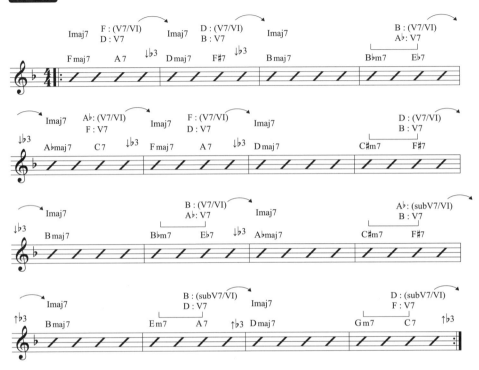

解答61　4トニックシステム（F、D、B、A♭）

解答62

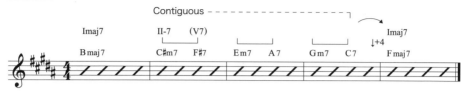

第十二編

解答63

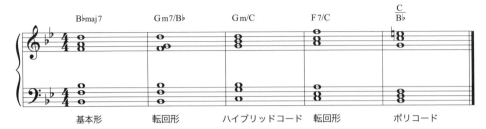

解答64

解答65

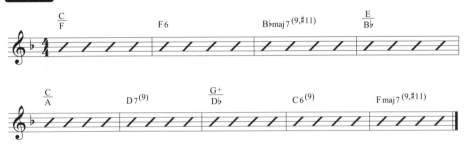

索引

あ

アーメンケーデンス　61
アヴェイラブルテンション　51, 97, 99, 105, 108, 110, 133, 243
アヴォイドノート　51, 259
アッパーストラクチャー　342, 363
アナライズ　34, 172, 177
アナリシス　34

い

イオニアン　145
移調　37
異名同音程　13
印象派　207
インターバル　12
インターポレイティッドエクステンデッドサブスティチュートドミナント　194
インテリアペダル　316
インパーフェクトオーセンティックケーデンス　58
インプライドモジュレーション　239

え

エオリアン　145
エクステンデッドサブスティチュートドミナント　194
エクステンデッドドミナント　132, 136
エンハーモニックインターバル　13

お

オーギュメンティッドセブンス　41
オーギュメンティッドトライアド　24
オーギュメンティッドメジャーセブンス　83
オーギュメント（オーグメント）　24
オーセンティックケーデンス　57
オグジュアリーディミニッシュトアプローチ　218
オクターブ　12
オクタトニックスケール　225
オルタードテンション　97, 102
音階　50
音高　17
音程　12

か

解決　48
回避音　51
下主音　77
下中音　47
楽曲分析　34
関係音階　18

完全正格終止　58

偽終止　62, 201, 237
機能　52
基本形　26
教会旋法　18, 50, 142

く

クローズドケーデンス　57

け

経過音　106
ケーデンス　57
減三和音　24

こ

コード　23
コードアナライズ　64
コードヴォイシング　361
コード進行　27
コードシンボル　25
コードスケール　258
コードトーン　51, 96, 108
コードファンクション　70
古典派音楽　27
五度圏　20
コンジャンクトモーション　53
コンスタントストラクチャー　320
コンティギュアスモーション　336

コンディショナルアヴォイドノート　263
コンテンポラリーフルケーデンス　60
コンパウンドコード　342
コンビネーションオブディミニッシュ　228

サストゥー　40
サスフォー　40
サスペンデッドセブンス　41
サスペンデッドトゥー　40
サスペンデッドフォー　40
サブスティチュートドミナント　126, 186, 250
サブスティチュートドミナントセブンス　168, 292
サブトニック　77
サブドミナント　48, 59, 65
サブドミナントケーデンス　60, 71
サブドミナントファンクション　54, 71
サブドミナントペダル　315
サブドミナントマイナー　153, 155, 160
サブミディアント　47, 81, 86

自然短音階　76
自然導音　77
シックスマイナー　37
借用和音　151
ジャズブルース　231

ジャズフルケーデンス　60, 66
終止　57
主音　18, 46
順次進行　53
上主音　47
シンメトリックディミニッシュトスケール　225
シンメトリックドミナントスケール　228, 279

す

スーパートニック　47
スケールトーン　108
スタンダードケーデンス　57

せ

正格終止　57
セカンダリードミナント　116
セカンドインヴァージョン　26
セブンスコード　31
全音　13
全音音階　266
全音階　18
全音階的三和音　23
旋律　23
旋律的短音階　85

そ

増三和音　24
属音　47
属七の和音　30

た

ダイアトニック　23
ダイアトニックコード　82, 86
ダイアトニックスケール　18, 23
ダイアトニックセブンスコード　30
ダイアトニックトライアド　23
第一転回形　26
第二転回形　26
ダイレクトモジュレーション　241
短音階　17, 76
短三和音　24
短七の和音　30
短調　76

ち

チャーチモード　142
中音　47
調　17
長音階　17
調号　18
長三和音　23
長七の和音　30
調性音楽　46, 366
調性感　47, 161
調性内三和音　23
調性内四和音　30

つ

ツーファイブ　60, 82, 182
ツーファイブワン　59

ツーマイナーセブンス 37

 て

ディセプティブケーデンス 62
ディミニッシュ 24
ディミニッシュトセブンス（コード） 42, 210
ディミニッシュトトライアド 24
ディレイドレゾリューション 136
デュアルファンクション 128, 160
転回 14, 26
転回形 26
テンション 96
テンションコード 96
テンションの法則 98, 102, 118

と

導音 48
導七の和音 31
トーナリティ 47
トーナルハーモニー 301
トーナルミュージック 46
特性音 50, 301
トップノート 50
トニシゼーション 118
トニック 18, 46, 59, 65
トニックファンクション 52
トニックペダル 312
トニックマイナー 91, 154
ドミナント 47, 59, 65
ドミナント機能を持たないドミナント（セブンス）コード 79, 288
ドミナントケーデンス 57, 66, 111
ドミナント終止 57
ドミナントセブンスコード 30
ドミナントファンクション 53
ドミナントペダル 314
ドミナントマイナー 79
ドミナントモーション 53, 171
トライトーン 13, 166, 210
トラディショナルフルケーデンス 60
トランジショナルモジュレーション 254
トランスポーズ 37
ドリアン 145, 302
ドローン 318

 な

ナチュラルテンション 97
ナチュラルマイナー 269
ナチュラルマイナースケール 76, 81
ナチュラルリーディングトーン 77
七の和音 30

 ね

ネイバートーン 106

索 引

は

パーフェクトオーセンティックケーデンス　58, 66
ハーフケーデンス　61
ハーフディミニッシュトセブンス　31
ハーモニックマイナー　125, 271
ハーモニックマイナースケール　81, 90
ハーモニックリズム　138
ハイブリッドコード　343, 350
パッシングディミニッシュトアプローチ　211
パッシングトーン　106, 163
パラレルキー　76
バロック音楽　27
半音　13
半減七の和音　31

ひ

非ダイアトニックコード　159, 238, 262
ピッチクラス　17
ピボットコード　242
非和声音　105

ふ

ファーストインヴァージョン　26
ファイブセブンス（ファイブドミナントセブンス）　37
ファンクション　52
フォーマイナーセブンス　38
不完全正格終止　58

不協和音　69
副次属和音　117
プライマリードミナント　246
プライマリードミナントコード　118
フラットスリーメジャーセブンス　38
フリジアン　145, 303
ブルース進行　230
プレイガルケーデンス　61

へ

平行音階　18
平行五度　168, 207
平行調　18, 76
ペダルポイント　312

ほ

ボイスリーディング　27, 71
ホールトーンスケール　266
ポリコード　342, 361

ま

マイナーキー　76
マイナーシックス　41
マイナースケール　17, 76
マイナーセブンスコード　30
マイナーセブンスフラットファイブ　31
マイナーツーファイブ　90, 160
マイナーツーファイブワン　83
マイナートライアド　24
マイナーメジャーセブンス　41

409

マルチトニックシステム 329

み

ミクソリディアン 145, 306
ミディアント 47

め

メジャーキー 46
メジャーシックス 41
メジャースケール 17, 46, 50
メジャーセブンスコード 30
メジャートライアド 23
メロディックマイナー（スケール）
　125, 273, 85, 90

も

モーダルインターチェンジ 151, 190,
　201
モーダルハーモニー 301
モーダルミュージック 301, 366
モード 142

ゆ

ユニゾン 12

よ

四和音 30

ら

ラインクリシェ 87, 91, 208

り

リーディングトーン 48, 81, 100
リードシート 64
リズム 23
リディアン 145, 304
リディアンスケール 98
リハーモナイズ 70, 91
リハーモナイゼーション 68
リレイティッドII-7 127, 136, 160, 180
隣接音 106

る

ルートポジション 26

れ

レラティブキー 18, 76
レラティブスケール 18

ろ

ロウアーストラクチャー 342, 363
ローマ数字 34, 35
ローマンニューメラルアナリシス 34
ロクリアン 145

わ

和音 23
和音構成音 51, 96
和声 23
和声的短音階 81
和声分析 34

索 引

ワンメジャー　36

A

Altered Tension　97
Amen Cadence　61
Analysis　34
Analyze　34
Augmented Seventh　41
Augmented Triad　24
Authentic Cadence　57
Auxiliary Dimished Approach　218
Available Tension　51, 98
Avoid Note　51, 259

C

Cadence　57
Characteristic Pitch　50, 301
Charasteristic Note　301
Chord　23
Chord Progression　27
Chord Scale　258
Chord Symbol　25
Chord Tone　51, 96
Chord Voicing　361
Church Mode　18, 50, 142
Closed Cadence　57
Compound Chord　342
Conditional Avoid Note　263
Conjunct Motion　53
Constant Structure　320

Contemporary Full Cadence　60
Contiguous Motion　336
Cycle of 5th　20

D

Deceptive Cadence　62
Delayed Resolution　136
Diatonic Scale　18
Diatonic Seventh Chord　30
Diatonic Triad　23
Diminished Seventh　42
Diminished Triad　24
Direct Modulation　241
Dissonance　69
Dominant　47
Dominant Cadence　57
Dominant Function　53
Dominant Motion　53
Dominant Seventh Chord　31
drone　318
Dual Function　128

E

Enharmonic Interval　13
Extended Dominant　132
Extended Substitute Dominant　194

F

Five Dominant Seventh　37
Five Seventh　37
Flat Three Major Seventh　38

411

Four Minor Seventh   38

Function   52

Half Cadence   61

Half Diminished Seventh   31

Half Tone   13

Harmonic Analysis   34

Harmonic Minor   81

Harmonic Rhythm   138

Harmony   23

I.A.C.   58

Imperfect Authentic Cadence   58

Implied Modulation   239

Interior Pedal   316

Interpolated Extended Substitute
   Dominant   194

Interval   12

Inversion   15

Jazz Blues   231

Jazz Full Cadence   60

Key of Minor   76

Key Signature   18

Leading Tone   48

Lead Sheet   64

Lower Structure   342

Lydian Scale   98

Major Scale   17

Major Seventh Chord   30

Major Six   41

Major Triad   23

Mediant   47

Melodic Minor Scale   85

Melody   23

Minor Scale   17, 76

Minor Seventh Chord   30

Minor Seventh Flat Five   31

Minor Six   41

Minor Triad   24

Minor Two Five One   83

Modal Harmony   301

Modal Interchange   151

Mode   142

Modulation   236

Multi-Tonic System   329

Natural Leading Tone   77

Natural Minor Scale   76

Natural Tension   97

Neighbor Tone　106

Non-dominant Functioning Dominant　79

O

Octatonic Scale　225

Octave　12

One Major　36

P

P.A.C.　58

Parallel Key　76

Passing Diminished Approach　211

Passing Tone　106

Pedal Point　312

Perfect Authentic Cadence　58

Pitch Class　17

Pivot Chord　242

Plagal Cadence　61

Polychord　342

Primary Dominant　118

R

Reharmonization　68

Related II-7　127

Relative Key　18

Relative Scale　18

Resolve　48

Rhythm　23

Roman Numeral Analysis　34

Root Position　26

S

Secondary Dominant Chord　117

Six Minor　37

Standard Cadence　57

Subdominant　48

Subdominant Cadence　60

Subdominant Function　54

Submediant　47

Substitute Dominant（Seventh Chord）　126, 168

Subtonic　77

subV7　126, 168, 171, 180, 246, 250

Super Tonic　47

sus2　40

sus4　40

Suspended Four　40

Suspended Two　40

Symmetric Diminished Scale　225

Symmetric Dominant Scale　228

T

Tension　96

Tension Chord　96

Tonal Harmony　301

Tonality　47

Tonal Music　46

Tonic　18, 46

Tonic Function　52

tonicization　118

Top Note　50

Traditional Full Cadence　60

Transitional Modulation   254
Transpose   37
Tritone   13
Two Five   60
Two Five One   59
Two Minor Seventh   37

Unison   12
Upper Structure   342

Voice Leading   27

Whole Tone   13
Whole Tone Scale   266

1st Inversion   26
2nd Inversion   26

● 著者プロフィール
清水響 (しみず・きょう)

作曲家・ギタリスト、群馬県高崎市出身。
上智大学理工学部物理学科卒業、バークリー音楽大学Composition科及びContemporary Writing and Production科首席卒業、ブランダイス大学作曲科修士課程修了。作曲をAll Elana Cohen、Yu-Hui Chang、Eric Chasalowらに師事。
音楽大学留学中、国際コンクール入賞をきっかけに、クラシック音楽の作曲家を志す。大学院修士奨学生、大学補助教員を経て帰国、音楽教育コンサルタント企業に入社。2017年に独立し、群馬県高崎市に清水響音楽研究所を設立。独立後は2018年4月現在までに、ヴィオラソナタやピアノソナタを含む『Boston Collection』、弦楽四重奏曲や管弦楽曲を含む『Waltham Collection』、ロックバンドBasketfieldのメンバーとして『アルフェの思い出』の計3枚をリリース。作曲の他、演奏、音楽制作、執筆など幅広く活動中。

www.kyoshimizu.com
info@kyoshimizu.com

● 制作協力
ヤマザキタケル

ピアニスト、アレンジャー。幼少の頃よりピアノの演奏を始める。Ben Fordに憧れて即興演奏に興味を持ち、バークリー音楽大学に奨学金を得て入学。卒業後に帰国し、現在ジャズ、ロック、ヒップホップ等ジャンルを問わない演奏活動を行っている。

コード理論大全

定価 3,080円（本体2,800円＋税10%）
ISBN 978-4-8456-3236-7
2018年4月20日　第1版 1刷発行
2024年5月27日　第1版10刷発行

著者：清水響

【発行所】
株式会社リットーミュージック
〒101-0051 東京都千代田区神田神保町一丁目105番地
https://www.rittor-music.co.jp/

編集・発行人：松本大輔

【本書の内容に関するお問い合わせ先】
info@rittor-music.co.jp
本書の内容に関するご質問は、Eメールのみでお受けしております。お送りいただくメールの件名に『コード理論大全』と記載してお送りください。ご質問の内容によりましては、しばらく時間をいただくことがございます。なお、電話やFAX、郵便でのご質問、本書記載内容の範囲を超えるご質問につきましてはお答えできませんので、あらかじめご了承ください。

【乱丁・落丁などのお問い合わせ】
service@rittor-music.co.jp

編集担当：橋本修一
装丁：富谷智（MdN Design）
デザイン／DTP：株式会社明昌堂
譜面作成：清水響
浄書協力：セブンス
印刷／製本：株式会社リーブルテック

©2018 Kyo Shimizu
©2018 Rittor Music Inc.
Printed in Japan

落丁・乱丁本はお取替えいたします。本書記事／写真／図版などの無断転載・複製は固くお断りします。